トマト
ダイレクト《直接定植》セル苗でつくりこなす

根系を活かして安定生育

若梅健司 著

農文協

目次

写真撮影　赤松富仁

序章　トマト本来の力を活かしてこそ、省力栽培

若苗強勢を活かし、直接定植できるダイレクトセル苗

この十数年ほど前から、野菜や花の育苗にＰｅＳＰ苗、セルプラグ苗など、成型苗が導入され、葉菜類などはセル苗の機械移植が主流になっている。セル苗は従来のポット苗と比べて培土が少なくてすみ、育苗期間も短く、定植の労力もかからないので、育苗コストが大幅に軽減できる。果菜類の場合、五五穴か七二穴トレイが使われるが、三・五寸（一〇・五センチ）ポットと比べると七二穴で八分の一、五五穴で五分の一程度の培土ですみ、育苗床面積も一〇分の一から一五分の一になる。トレイや被覆などの資材費も少なく、苗の運搬や植付け・後片づけなど定植の労力も一〇分の一ですむ。

トマトは今、価格が一番安定している作物ではあるが、私がハウス栽培を始めた三十数年前当時とあまり変わっていない。経費だけが上昇し一日の労働報酬は年々下がってきた。それをカバーするためにこの間、規模拡大、多収・高品質化、選果選別の分業などを図ってきた。低コスト・省力となるセル苗の導入は、その意味で時代の要請でもある。昨今では市販の安いセル苗を購入し、育苗も分業する方も増えてきている。

しかし、大規模な雇用労働を使った企業化した農業でないかぎり、一般の家族経営では苗の購入は確実に生産コストの増加になってしまう。選果機による共選は選別・出荷作業の低コスト化だけでなく、品質がそろい産地全体の有利販売につながるので分業化の経済的効果は大きい。しかし育苗の分業化で低コストになったとしても、収量や品質が低下し収入が減ってしまっては経済的効果もあったものではない。

作物は、とくに果菜類は「苗半作、苗七分作」が原理であり、育苗段階から理想的な収穫期の生育の姿を想定して理想的苗に育てることが、安定・多収・高品質を実現する根幹である。トマト栽培のプロであるかぎり、苗の自家育苗は栽培技術を身につけるうえでも根幹である。苗によって栽培体系が決定づけられるからである。

私が平成元年から直接定植できるセル苗を真剣に研究してきたのは、「コスト削減、省力」という時代の要請だけではない。どんな新しい低コスト・省力技術が開発されても、多収・高品質を実現できる可能性をもっていなければ、広く農家に普及・導入されない。セル苗という若い苗に秘められた樹勢の強さ、後半まで力が衰えないスタミナをうまく生かせば、ポット苗以上に多収・高品質が実現できると確信したからである。そして誰でも自家育苗できるセル苗の育苗・栽培技術が確立すれば、セル苗時代となっても育苗という根幹技術を放棄せずにすむと考えたからである。

平成八年、私の目指してきた直接定植できるセル苗技術はほぼ確立し、「ダイレクトセル苗」と名づけ、指導機関からも認められ普及技術となった。どんな技術にも長所があれば、短所もある。直接定植できるダイレクトセル苗も、セル苗の宿命ともいえる若苗強勢で、草勢が強く異常茎が発生しやすい、奇形果や乱形果が出やすい、第一果房の着果節位が上がりやすいという短所がある。しかし、誰でもその短所を克服しつくりこなせる栽培技術も確立したため、今では県内だけでなく県外でも導入する産地が増えている。

トマト本来の主根型根系の力を活かした直播《じかまき》栽培

ダイレクトセル苗が確立し多くの産地に導入され始めた平成八年、千葉県ではまったく新しい省力・低コスト技術が産声をあげていた。千葉県農業試験場北総営農技術指導所の鈴木健司先生が始められた、トマトの直播栽培である。

この直播栽培は、農家に注目され、平成十二年には農家段階での普及技術までになった。それは、単なる省力・低コスト技術ではなかったからである。直播栽培のトマトは、ダイレクトセル苗、あるいはポット苗よりも、初期の草勢が強いのに異常茎は発生せず、着果節位も下がり、収量・品質も向上するという、今までの常識を覆す画期的な技術だったからである。直播栽培なら、味は良いのに草勢が強すぎるために敬遠されてきた「元祖桃太郎」や「桃太郎8《エイト》」も安心してつくりこなせる。

写真1　9月下旬，収穫が始まった大型ハウスで

根系の形態から、生育調整技術を見直す

私は、若い苗ほど強い根が張り強勢になるという「若苗強勢」を、トマトの草勢コントロールの重要な指標にしてきた。直播トマトは、その点でもっとも若苗強勢が強くなり、異常茎がもっとも発生しやすく手がつけられなくなるのではないかと予想していた。しかし、事実は逆で、今まで指標にしていた「若苗強勢」理論は直播のトマトには通じなかった。「若苗強勢」は苗に通じる理論であり、直播は苗ではないのだというよりほかない。

この直播トマトの信じられなかった生育を裏づけていたのは、ゴボウのように太く深く伸びた主根中心の根系であった。こぼれ種が芽生えて根を下ろすトマト本来の生育をさせれば、自然と太い直根型となり、根鉢形成・移植という育苗にともなうストレスがないので、自然と花芽分化して着果節位が下がるということであろうか。

いずれにしても、トマトの草勢は肥培管理や花芽の分化・発達だけでなく、地下部の根の形態によって左右されていることを、直播トマトの根は教えてくれた。これは私のトマト栽培の歴史のなかでも、画期的なことであった。トマトの生育を決定づける第三花房開花期までの草勢コントロール技術を、この根系の面から見直していく必要があると思う。

しかし、直播栽培は、加温栽培での導入は困難なこと、前作との作業競合以外に、ネコブセンチュウなどの土壌病害虫や冠水に弱いなどの欠点がある。まだまだ課題が多いが、トマト本来の力を活かす省力・低コスト技術としては、まさに画期的技術である。

そして、さらに驚いたのは、欠株となったところへ一・五葉くらいの苗を補植した、いわば稚苗移植となった株も、直播トマトに似た根系となり、着果節位が低下し、異常茎や奇形・乱形果もほとんど発生しなかったことである。これは明らかにもっとも若い苗の定植となるにもかかわらずである。このことから、地元山武農業改良センターでは、トマトの「稚苗栽培」の試作も始まっている。

私は昭和二十一年にトマト栽培を開始してから半世紀以上、トマトとの対話を続けてきた。栽培技術は常に時代の要請を伴っているが、このようなトマト本来の姿に遭遇し、新たな技術ロマンに掻き立てられてている。七十の峠もすでに超えたが、この歳でもトマト本来の力を活かせばまだまだできる、その気力は衰えていない。

ダイレクト苗栽培は確立されたが、私にとって直播や稚苗栽培はまだまだ未完ではある。しかし、今まで見えなかったトマトの根の姿から、これからの省力・低コスト技術を展望しようと思い、本書を発刊することにした。これから二十一世紀のトマト栽培を担う多くの方々にお役に立てればと思う。

第1章

生育初期の根系と安定生育

1、若苗強勢を活かすダイレクトセル苗

(1) 若苗強勢の「パワー」「スタミナ」を活かす

若苗強勢とは

どんな作物でも、葉齢の少ない若い苗を「移植する」ほど活着が良く、初期生育が旺盛になり、パワーの強い生育になる。しかも、根は主根や直根型の太い根が深く広く張るため、後半までバテないスタミナの強い生育になる。

私はこれを「若苗強勢」と名づけ、樹勢を調節する重要な手段としてきた。たとえば、ポット苗時代は初期生育が旺盛すぎて異常茎が出やすい「元祖桃太郎」は、鉢上げもやや遅らせ、定植も遅らせて花芽が確認できるようになってから行ない、若苗強勢をやや弱めて異常茎の発生などの暴走を抑える。逆に樹勢が弱い「メリーロード」や「ハウス桃太郎」などは、花芽の見えないうちに定植し、若苗強勢を活かすようにしていた。作型でも暴れにくく着果も良い春トマトは、一葉で鉢上げし蕾が小さく見える程度の若苗を定植し、栄養生長偏重になりやすい抑制栽培は、二葉くらいで鉢上げし、蕾が米粒大になってから定植することが目安であった。定植後の栄養生長と生殖生長のバランスさえと

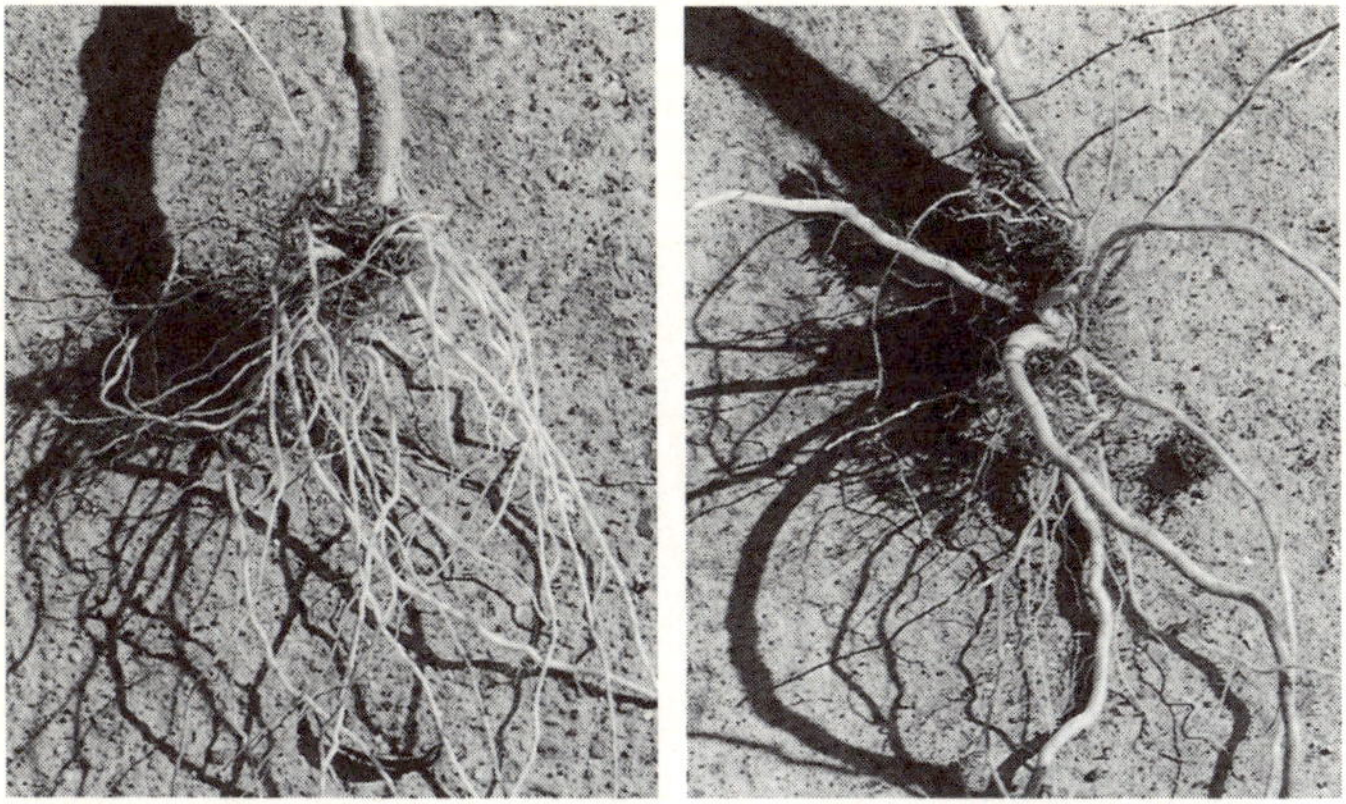

写真2　（右）ダイレクトセル苗株…太い根が4，5本深く伸びる
（左）3.5号ポット苗株の根…細い根が数多く表層に伸びる

品種はいずれも「ハウス桃太郎」

れれば、できるだけ若苗で植え、若苗強勢を活かすことが重要であった。

若苗強勢のスタミナ源は太根・直根型根群

若苗は発芽後最初に伸びる主根や側根の活力が高いために、定植するとそのままさらに再生力をつけて伸びる。写真2は収穫終了後に掘り取った、同じ「ハウス桃太郎」のポット苗とダイレクトセル苗の根である。

ポット苗に比べて若苗であるダイレクトセル苗の根は、直根型で太い。ＰｅＳＰ苗の根も太い根が数本深く伸びる。比較的細い根が多い「ハウス桃太郎」でも、ダイレクトセル苗にすると何本かの太い根が深く走る。

このような深く伸びる太い根、直根型の根が発達すると、後半までスタミナが持続する。品種でも同様で、後半まで草勢が強い「桃太郎8《エイト》」の根は、何本かの強い根が伸びている。根が深く張る分、馬力があり成り疲れしにくく、生育にムラが出にくい。

パワー（細根）もスタミナ（太根）も強いセル苗

セル苗は従来のポット苗と比べると、太根・直根だけでなく、その太根・直根から活力ある側根・細根が多く伸びる。「太い根は水分を吸収し、細い根は肥料分を吸収し、互いが分業して養水分を吸収する」という説がある。太根が伸びて下層の水分を吸収すると、たとえ表層が乾いていても、そこに張る細根群が水分の供給を受け肥料分を吸収するといわれている。

この説が正しいかどうかはわからないが、トマトの根の形態からみると、「細根群が多いほど吸肥力やパワーが強くなり、太根・直根が発達するほど安定して水分が吸われるためスタミナも強くなる」と考えられる。

この根系の形態は、写真3のように品種によって違い、一概にはいえないが、表1に示したようにおよそ前半の草勢が強い品種は細根が多いパワー型で、後半の吸肥力が強い品種は直根が伸びるスタミナ型とみなすことができる。

若苗強勢で直根が深く伸び、細根群が広く張りめぐるセル苗は、パワーもスタミナもある。パワーがあるので果実の着花・肥大が良く、空洞果の発生も少ない。一般にパワーが強いと後半にスタミナ

ハウス桃太郎　　マイロック　　桃太郎8

写真3　品種によって根の形態はさまざま

表1　品種の根の形態と草姿・草勢

品種	早晩性	花数	着果性	葉幅	葉勢		根系	
					前期	後期	細根	直根・太根
桃太郎	極早	5	④	中大	⑦	③	6	3
桃太郎8	早	6	⑤	中	⑥	⑤	4	7
T159	極早	6	⑥	中	⑥	⑤	4	6
桃太郎ヨーク	早	7	⑦	中	④	④	4	6
ハウス桃太郎	極早	7	⑥	中	④	④	6	3
メリーロード	極早	6	⑤	小	④	③	6	3
ろくさんまる	早	6	⑥	中	⑤	⑤	5	6
マイロック	早	5	⑤	小	④	⑤	5	5

○数字は10段階評価

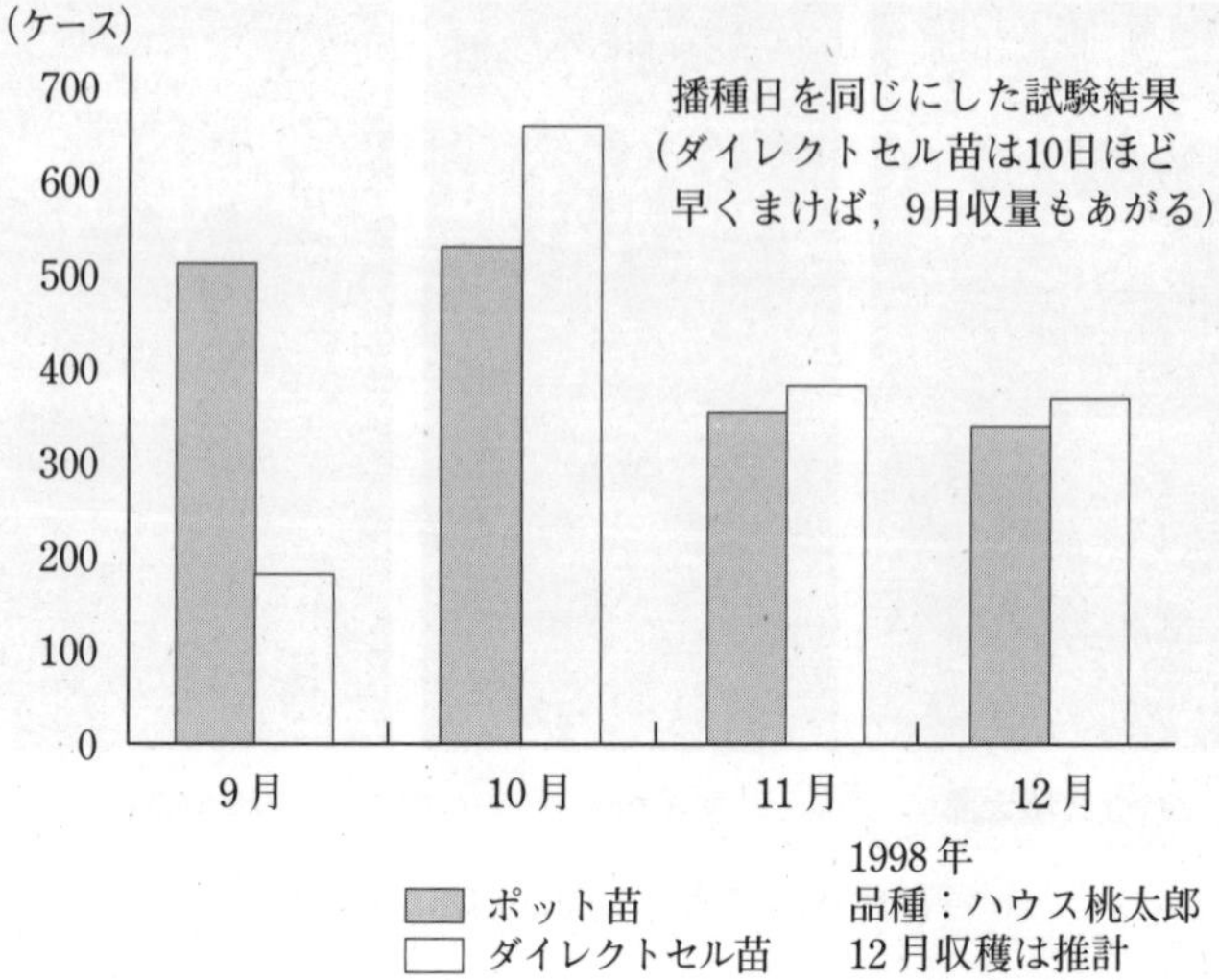

図1　ポット苗とダイレクトセル苗の月別収量（箱／10a）

（調査協力　山武農業改良普及センター）

が切れて輪状裂果が多くなるが、スタミナがあるので裂果も少ない。果実が肥大しても細胞組織が若々しいからだと思う。安定着果して肥大が良いから収量も多くなる。空洞・裂果が少なく高品質で、しかも単価の高いL玉が多くなるので、売上げも上がる。

(2) 初期のパワーがアダになるセル苗

若苗強勢で異常茎・奇形果・乱形果が多発

しかし、根群の発達で定植後から強勢になるセル苗は、トマトの場合その強勢がアダになる。

二・五葉のセル苗を定植すると、若苗

強勢で栄養生長が強まり、活力の高い根群が旺盛に養水分を吸収する。過剰な養水分を吸収すると、その同化・転流がうまくいかなくなり、生長点部分の生理異常で異常茎（芯止まり）が発生する。異常茎が発生すると新しく伸びる側枝を主枝に立て直さなければならなくなり、花芽分化が一段休み、さらに側枝には五枚展葉しないと花芽分化しないため二段飛び、計三段分の損失になってしまう。

さらに栄養生長偏重で花芽分化や花粉形成が充実しにくいためか、一、二段花房にチャック果や窓あき果などの奇形果が多くなる。

写真4　異常茎が発生し芯が止まり，その後に伸びる2本の側枝を伸ばした株

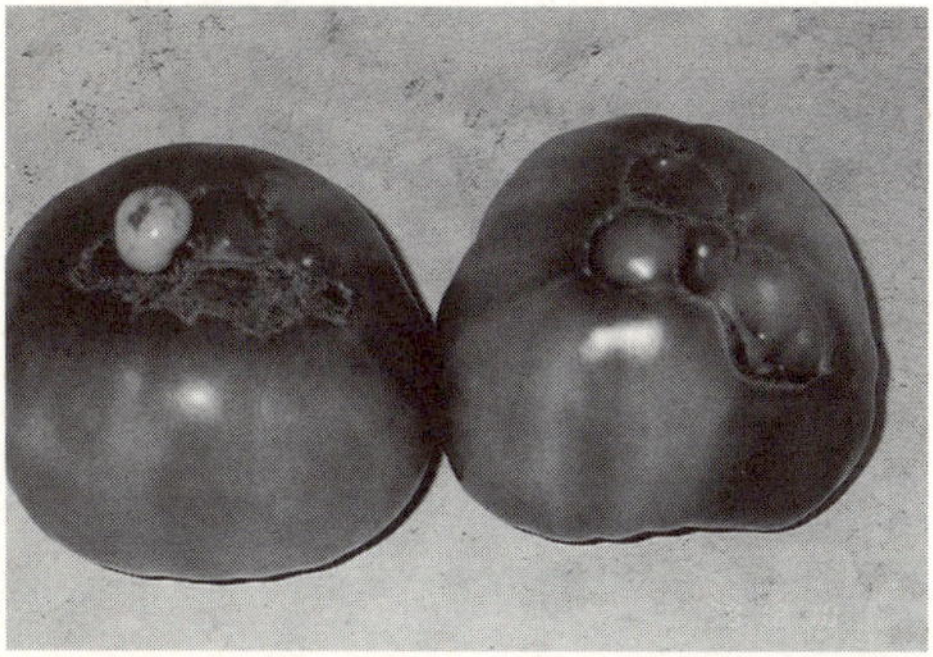

写真5　異常茎となる株に多い奇形果（窓あき果）

セル苗は最初にキャベツやレタスなどの葉菜類で実用化した。それは、機械移植ができ能率的で省力的になるというだけでない。できるだけ初期生育を旺盛にもっていくことが栽培のポイントとなる葉菜類には、この若苗強勢が発揮できるセル苗は、もっとも理想的な苗だったからである。葉菜類は花芽を分化させる必要がない。ないというよりも花芽分化をできるだけ遅くしたほうが栄養生長期間が長くなり収量が上がる。

しかし、花を咲かせ果実を収穫する果菜類は、栄養生長だけでなく生殖生長も同時に促さないと目的が実現できない。とくにトマトは一・五葉の幼苗の段階から花芽の分化・発達が始まり、栄養生長と生殖生長が同時に進行する。つまり、苗の段階から栄養生長と生殖生長のバランスコントロールが必要であり、それがトマトの育苗の根幹だったといっても過言ではない。

花芽分化が遅れ着果節位が上昇し、ますます暴走

異常茎などの暴走だけではない。ポット苗と比べると第一花房の着果節位が二〜三節上がってしまい、収穫開始が遅れてしまうことも、セル苗の大きな欠点である。着果が遅れ果実肥大の負担が遅れるから、よけいに暴走しやすくなるともいえる。着果節位が上がると生育期間は限定されているので、播種を早めないかぎり収穫段数の減少となり、収量も少なくなる。

ポット苗のときは高温下で着果節位が上がりやすい抑制栽培でも、確実に九節前後に第一花房がついた。ところがセル苗は、九節につくことはまれで、普通は一一節以上になる。私の開発したダイレクトセル苗でも、九葉につくことは少なく、ひどいときは一三葉になることもある。九葉についたポット苗と比べると四葉の違いだが、セル苗は初期生育が良く節間が伸びるので、ポット苗と比べると二段くらい飛んでしまったように見える。

普通、第一花房の着果節位は奇数葉になることを考えると、着果節位が上がる原因は、苗の段階で分化した花芽が退化したのでなく、花芽分化が遅れたからだと思う。第一花房の着果節位はほとんどが、七、九、一一、一三というように二葉おきに奇数葉につく。第二花房以降は三葉ごとに分化するので、もし九葉に分化したものが退化したのであれば、第一花房（本来は第二花房）は一二葉につくことになるからだ。

トマトは一・五葉期から花芽分化が始まるといわれている。セル苗でも三・五葉まで育てるわけだから、当然第一花房は苗の段階で分化してもおかしくない。なぜ、セル苗は花芽分化しにくいのか。

二次育苗では、低コスト・省力も「若苗強勢」も活かせない

セル苗のこのような暴走・着果節位の上昇を防ぐには、二・五〜三・五葉のセル苗をポットに移植し、ポット苗と同様に育ててから定植する、二次育苗をすれば解決する。

しかし、これではポット苗以上に労力も経費もかかり、省力化しコスト軽減する目的は実現できな

くなる。また、ポット苗より鉢上げ期が遅くなってしまうので、セル苗のもつ「若苗強勢」も活かせず、ポット苗以上にパワー・スタミナがない苗になってしまう。

私が一二年前から目指してきたのは、あくまで植え替えせずに直接定植でき、若苗強勢を活かせるセル苗である。「ダイレクトセル苗」とあえて名づけたゆえんである。

(3) ダイレクト苗の第一条件は、四葉以上の花芽分化苗

花芽で栄養生長と生殖生長のバランスをとることができたポット苗

私は今でも、トマトの理想苗はポット苗だと思う。ポット苗は苗のときに着蕾が確認でき、苗の段階で栄養生長と生殖生長のバランスを確実にとることができる苗だからだ。

トマトは、双葉が開いた時点で生長点の内に四葉目が分化しており、第一葉が展葉したときには九葉目が分化しているといわれている。つまり展葉した葉から数えると、七〜八枚の先の葉まで分化しているわけである。

九葉目に第一花房がついたときは、九葉の七〜八葉前の一〜二葉展葉時にその花芽が分化し始めたということになる。第一花房の着果節位が一一葉の場合は同様に三〜四葉展葉時に、一三葉の場合は五〜六葉時に花芽が分化し始めたということになる。

六・五葉で九節に第一花房の花蕾が確認できるポット苗は、すでに一四〜一五葉まで分化している

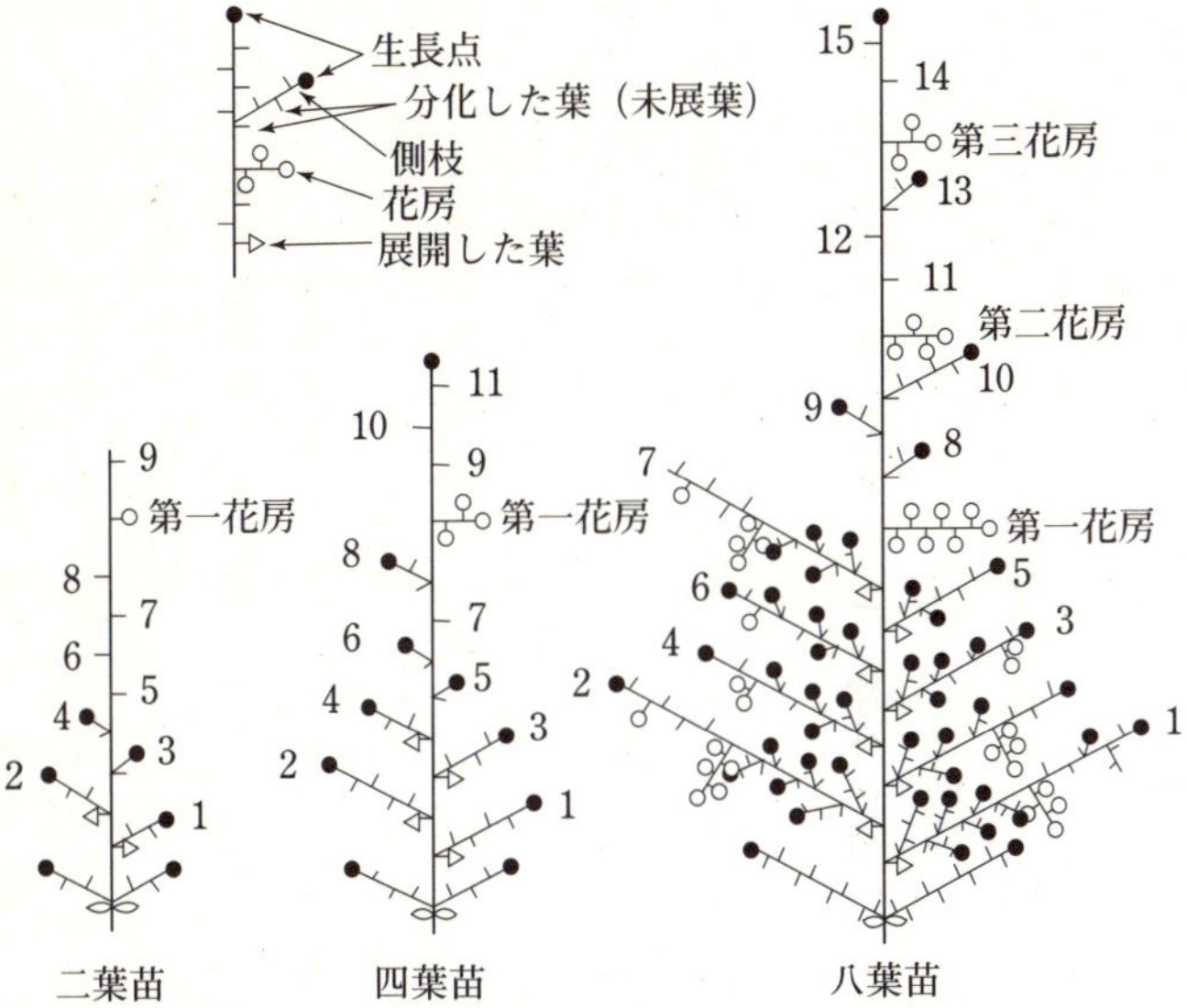

図2　トマトの苗の発育と花芽分化との関係
（農業技術大系『野菜編』斎藤隆）

ので、一二葉に第二花房、一五葉に第三花房が分化ないし分化し始めている。トマトは花芽分化を開始すると花房内の一番花、二番花、三番花と次々と、多いときは一〇数個分化し続ける。一花房内の花芽分化が終わるのは、分化し始めてから二〜三枚の葉が展葉したころになる。そして、三葉齢後には、一番花が目で確認できるようになる。

つまり、六・五葉のポット苗は、第一花房がすべて分化し蕾までに発育し、第二花房、第三花房も分化・発育をしている苗である。ポット苗では、この花芽の発達段階を目安に定植時期を決めていた。樹勢が強くなりやすいときは、蕾が米粒大になるまで、あるいは開花始めまで育苗し、生殖生長の力を高めてから定植する。春トマトのように樹勢が強くなりにくいときは、蕾が見えるくらいのときに早めに定植し、若苗強勢を活かすようにする。

花芽・蕾が発達するほど生殖生長の力が強まり、定植後によほどの過肥、多灌水しなければ、栄養生長過多で暴走する心配はなかった。第三花房が開花するころには、第一花房がピンポン玉大になり肥大し始めるので、果実負担が急増する。そのころまでの草勢コントロールがトマト栽培の最大の技術だが、着蕾・開花が確認できる六・五葉のポット苗はコントロールしやすい理想的な苗だったのである。

時代の要請でセル苗の時代になったが、ダイレクトセル苗も、目では確認できなくとも、この確実に花芽をもった苗までに育てることが、初期の暴走を抑えるうえで第一条件だと思う。

ダイレクトセル苗は四葉以上の花芽分化苗に

このように考えると、二・五葉のセル苗は一〇～一一葉まで分化した苗で、かりに第一花房が一一葉に着果したとすると、その花芽分化は三～四葉時だから、花芽分化は定植後になる。二・五葉のセル苗は九葉に第一花房がつくことはほとんどなく、一一葉以上になることから、二・五葉のセル苗は、苗の段階では花芽分化していない。

写真6　（右）直接定植できる55穴トレイで育苗した4.5葉のダイレクトセル苗
（左）二次育苗が必要な72穴トレイで育苗した2.5葉のセル苗

三・五葉の苗の場合はどうか。もし一一節に着果したとすれば三〜四葉時に花芽分化が開始したことになる。つまり、定植前後に花芽分化したことになる。しかし、定植時は植え傷みが伴い、苗の栄養状態は最悪になる。これではたとえ着果したとしても、花芽は充実しないので、奇形・乱形になってしまうだろう。

四〜四・五葉の苗の場合は、一二〜一三葉まで分化しているので、三〜四葉時に第一花房を一一葉に確実に分化させることができる。育苗時の環境が良ければ二〜三葉時に花芽分化し九葉につけることも可能だ。このような苗なら、定植時に着蕾は確認できないが（春トマトなど低温時の育苗では五〜七葉に着果するので、定植前に確認できる）、定植後に節水管理を徹底すれば、栄養生長と生殖生長のバランスが容易にでき、暴走する危険が少なくなる。

(4) 四〜四・五葉まで育てられる五五穴トレイを選択

七二穴ダイレクトセル苗では難しい

ダイレクトセル苗の開発を始めた平成元年、第一の課題はトレイの選択であった。最初の三年間の試験で試行錯誤を繰り返しながらも、どうにか実用化の目途がついたので、「サカタのタネ」とダイレクトセル苗の共同研究を行なった。

表2　抑制トマトの育苗期間と葉齢

	育苗期間	定植時葉齢
3.5号ポット	35	6.5
55穴ダイレクトセル	30	4.5
72穴セル	25	2.5

ダイレクト苗は28日くらいでも定植できるが，私は30日おいて熟苗とする。春トマトの育苗期間はポット苗60日，ダイレクトセル苗40〜50日く

トマトのセル苗は、三二穴、五五穴、七二穴の播種ブロックが連結されたトレイが使われている（当初は五五穴はなく五〇穴であった）。穴の数が多くなるほど一穴の容積が小さくなるので、表2のように定植適期も早くなる。一定以上に根がブロックいっぱいに張り根鉢になると、新しい葉が展葉せず休眠したような状態になり、根は老化してくるからだ。

「サカタのタネ」では、ダイレクトセル苗の育苗・販売を目標にしていたので、セル苗一本の適性単価から床土費、運賃などのコストを逆算し、七二穴セル苗を採用した。私も三年ほど「サカ

写真7　トレイの種類

左２つが55穴トレイ，右３つが72穴トレイ，上部は発泡スチロール製の50穴トレイ

タのタネ」が育苗した七二穴セル苗で試験をしたが、七二穴では、確実に花芽が分化した苗をつくることは困難であった。

七二穴の場合、抑制栽培では二葉が展葉するころに根鉢ができ始め、二・五葉くらいで生育が停滞し生長点が動かなくなる（播種後約二五日）。灌水・追肥で栄葉状態を良く保っても、混み合うために、新葉が止まったまま徒長する。たとえ五〇日育苗したとしても四葉が伸びてこない。二・五葉でも栄葉状態が良いと九葉先に第一花房が分化する可能性はあるが、このような生育では花芽分化は期待できない。結局七二穴ダイレクトセル苗は、定植後の花芽分化とならざるをえない。

花芽分化前のセル苗は、活着から三葉、四葉が展葉するまでの管理も大変になる。早く活着させ養水分を吸収させないと、ますます着果節位が上がってしまう。かといって灌水を多くすると元々強い若苗強勢をますます強くしてしまう。安定生育にもっていくコントロールが非常に難しい。

五五穴トレイで確実に花芽分化した四～四・五葉苗を

五五穴トレイだと二八～三〇日で四～四・五葉になり、根鉢ができて定植適期の苗になった。三三穴トレイだと三〇日くらいで五～五・五葉にまで育ち、三・五号ポット苗と同様に第一花房が確認できる苗にまで仕上げることができるが、培養土もポットと同じくらい必要になり、若苗強勢を活かすセル苗のメリットも少なくなる。

以上のことからダイレクトセル苗の第一条件である花芽をもった苗をつくるには、五五穴以下のトレイが条件である。

(5)「中列抜き」と「トレイズラシ」で花芽分化促進

日当たりが悪くなると徒長し、花芽分化が阻害される

ポット育苗では、一・五葉期に鉢上げしてから一〇日くらいすると、三葉が展葉し、すきまなく並べたポット同士の葉が触れ合うようになるため、一回目のズラシを行なう。そしてその二週間後くらいに第五葉が展葉すると再度触れ合うようになるので、二回目のズラシを行なった。葉が触れ合うよ

写真8①　播種2週間後の3.5号ポット苗（左2株），55穴トレイ苗（中2株），72穴トレイ（右2株）

写真8②　55穴トレイ苗（左）と72穴トレイ苗

55穴トレイ苗はのびのび育ち，このころには花芽分化が始まっている。ただ，中抜きしてないため中央列が徒長気味

うになると日当たりが悪くなり徒長するからだ。日照不足になると徒長するだけでなく、光合成が停滞しデンプン蓄積が減少するので、花芽の分化や発育が阻害される。花粉も充実せず白っぽい弱々しい花になってしまう。その結果、着果節位が上がったり、開花しても着果が悪くなり、奇形果や空洞果が多くなる。

五五穴トレイは、中央列を空けて徒長を防ぐ

確実にそしてムラなく花芽が分化した苗をつくるには、このズラシが不可欠である。しかし、ポットと違い連結したブロックのトレイでは、一株ずつズラシをすることができない。トレイとトレイの間隔は広げることができるが、トレイ内部の株間隔を広げることができない。

五五穴トレイは横一一穴、縦五列になっているが、最初に徒長するのは中央列の苗である。第四葉が展葉する育苗後半には、葉が触れ合い混み合ってくる。すると中央部の

写真9① 55穴トレイの中央列に両端に突起をつけたフタを被せて培養土を詰め，中央列を抜いて播種

② 中抜きした55穴トレイのダイレクトセル苗。徒長せず苗揃いが抜群

③ 中抜きしなかったダイレクトセル苗の外側列の苗（左）と中央列の苗（右）。中央列の苗は茎葉も根も徒長し双葉が黄化。こんな苗は着果節位が上がり，着果も悪い

苗が軟弱徒長し盛り上がってくる。その前にトレイごとずらして間隔を空けるが、どうしても中央部の日当たりは良くならない。同じに灌水しても中央部のほうが乾きが遅くなるので、なおさら伸びてしまう。

こうなると活着が悪いばかりでなく、苗によって着果花節位にムラが生じ、充実した花芽にならないので、着果も悪く奇形果も多くなる。そのため、生育初期の草勢コントロールが非常に難しくなってしまう。このズラシ問題がダイレクトセル苗育苗の致命的な問題であった。通風を良くしようとベンチ育苗したり、一日一回竹で中央部分を広げて日当たりを良くしよう試みたが、なかなかうまくいかなかった。

あるとき、欠株の隣の株は徒長しないことに気づき、中央部の横列を一列を空け、左右二列ずつにしてみた。一トレイ四四株育苗である。空ける中央列には培養土も詰めない。詰めると培養土が無駄になるばかりか、灌水すると苗がないのでいつまでも乾かず湿気がたまり、病気発生の原因にもなるからだ。

こうすると、隣同士の二列は葉が重なり合うが、中央部では四葉になるまで支障が出るほど重なり合うことはなくなった。そして、三葉のときにトレイとトレイの間隔を五～一〇センチ（一列幅）だけズラシ、四葉のときに一五～二〇センチくらいに広げる。こうすると、写真9②のように、四列が徒長せずに生育がそろい、花芽の分化・発育のバラつきも少ない苗ができるようになった。

写真10　タルキを敷き，4葉期にトレイ間隔を15cmに広げた定植前のダイレクトセル苗

(6)　窒素・リン酸不足を防ぎ花芽分化促進

肥料不足で花芽分化が阻害されるトマト

植物が花芽分化する環境条件は植物によって違う。日長が長くなるとするもの、短くなるとするもの、一定の寒さでするもの、一定の高温になるとするものなど、さまざまである。しかし、熱帯の四季の変化に乏しいアンデスが原産地であるトマトは、このような日長や温度よりも、体内の栄養状態によって花芽分化が影響される。高温期の抑制トマトに比べて、低温期の春トマトが花芽分化しやすいのは、低温に感応するからではなく、低温だと無駄な呼吸量が少なくなり消耗が少なくなるからではないか。抑制栽培でも低温管理をすると着果節位が低くなる。それも図3に見られるように昼温よりも夜温に影響されるのは、夜間低温だと昼間つくった同化養

分を呼吸作用で浪費しないので、花芽分化がスムーズに行なわれるためではないかと考えられる。

花芽分化と窒素の関係では、イネでもウリ類でも多くの作物は、花芽分化の前に窒素がいったん切れたほうが、花芽分化が促される。しかしトマトだけは、花芽分化期に窒素が不足すると花芽が分化しにくくなる。もちろん過剰ではいけないが、ある程度の肥料分が継続して吸収され、体内の栄養状態が良くないと花芽分化に障害が出る。

このことは、培養土に含まれる肥料分の量にも関係するが、培養土の量が決定的だと思う。あるとき箱まきした一葉苗を、三・五寸ポットと五五穴トレイに同時に移植してみた。するとポット苗は一節で第一花房がついたが、トレイの苗の第一花房は一三節になってしまった。一葉苗の段階では花芽はできていないので、移植後この差がついた。ポットもトレイも並べて置いたので、温度や日照条件は変わらない。違いは一株当たりの培養土の量と肥料分だ。培養土はポットもトレイも同じものを使ったが、三・五寸ポットは五五穴トレイの五倍の培養土が

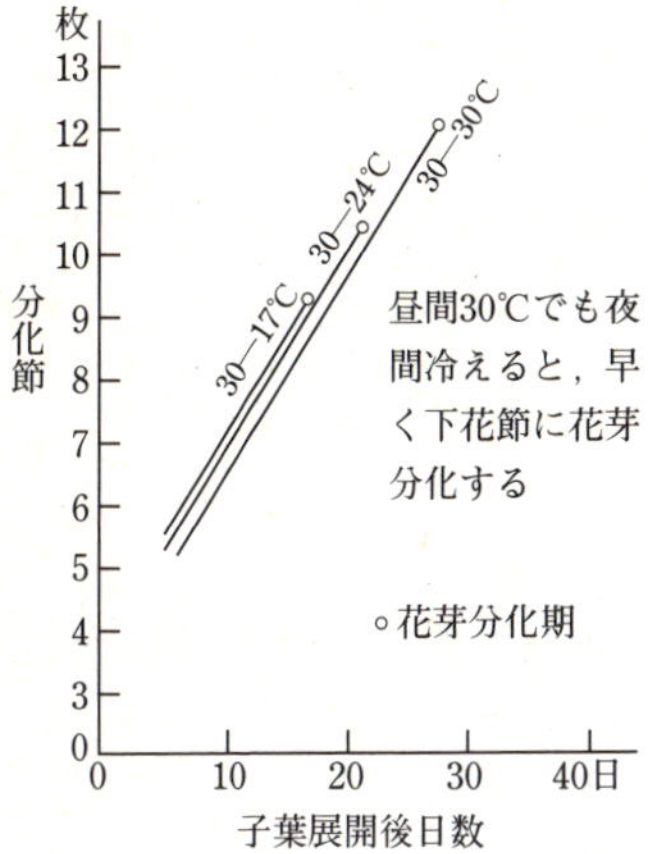

図3　トマトの第一花房の花芽分化期と着花節位に及ぼす昼温と夜温の影響

図中の温度は，昼温—夜温を表わす

（農業技術大系『野菜編』第2巻，斎藤隆）

入るので、一株当たりの肥料分も五倍になる。この肥料分と根域制限による根のストレスの差が、着果節位の違いに現われたとしか考えられない。

移植後のポットとトレイの苗の葉色からもそれがいえる。トレイ苗の葉色は明らかにポット苗に比べて淡い。五五穴トレイ苗は三葉から徐々に淡くなる。このころから根にストレスが生じ、肥料が不足気味になるからであろう。

セルトレイの培養土は排水性・通気性が重視されるため、肥えもちは悪くなりやすい。しかも灌水回数も多くなり、排水性が良い分、肥料の流亡が多くなるので肥え切れしやすい。

花芽を確実にもったダイレクトセル苗をつくるには、肥え切れさせない施肥が重要だ。

窒素不足とリン酸不足で花芽分化が遅れる

肥料分のなかでも、窒素とリン酸が花芽分化に大きく影響する。カリ不足も影響はあるがそれほど影響はない。窒素やリン酸が不足すると、花芽分化が遅れ着果節位が上がり、一花房の花数も少なくなる。茎葉にアントシアンが出て濃い紫色になる。

私はポット苗の床土には、一立方メートル当たり燐硝安カリ（一六―一〇―一四）を一・五キロ、過石二～二・五キロ、苦土石灰三キロを施していた。一リットル当たりに換算すると窒素二四〇ミリ、リン酸五〇〇～六〇〇ミリ、カリ二一〇ミリになる。

写真11　（左）窒素成分1l当たり150mgの培養土のダイレクトセル苗
（右）窒素成分1l当たり175mgのダイレクトセル苗
25mgの違いでこれだけ生育に差が出る

セル苗の場合は、窒素切れしやすいからといって窒素は多く施すことはできない。鉢上げをしないセル苗の培養土は、播種床でもあるので、最初から肥料分が多いと発芽障害を起こす。また多く施すと肥え傷みしたり、茎葉も根も軟弱に徒長し、栄養生長過多になってしまうからだ。その点、リン酸は過肥の害が少ないので多めに施し、花芽分化を促すようにする。

セル苗の培養土の施肥量の標準は、一リットル当たり、窒素一五〇～二〇〇ミリ、リン酸五〇〇～

一〇〇〇ミリ、カリ一五〇～二〇〇ミリを目安にしている。私はダイレクトセル苗になってからは、肥料入りの培養土は購入している。現在は、一リットル当たり窒素二〇〇ミリ、リン酸一〇〇〇ミリ、カリ一五〇ミリ含まれているチッソ旭の「果菜類専用培土」を使っている。ダイレクトセル苗の肥料分はこれだけで十分である。

三葉期後にアミノ酸入り液肥で補給

五五穴トレイで二八～三〇日育苗して四～四・五葉まで育苗するダイレクトセル苗は、ポット苗と比べて育苗日数は五日ほどしか違わない。そのために、三葉が展葉して根鉢ができ始めるころから子葉が黄化し、四葉も葉色が淡くなり立ち気味になり、茎にアントシアンが出るなど、明らかに肥料不足の症状が出ることが少なくない。

このような症状が進むと花芽分化も花芽の発育も阻害されるので、灌水を兼ねて液肥の葉面散布を行ない不足分を補う。液肥なら多少多く施しても、過肥になることはない。一〇〇〇倍に薄めた液肥を、一立方メートル当たり二リットルを如雨露で、二～三日おきに二回くらいかける。この場合の液肥は、アミノ酸、核酸、ポリリン、有機酸などの有機窒素が入った液肥が最高だ。有機成分がそのまま葉や根から吸収され、体内でそのまま利用されるからだ。私はヨーヒK22（日液化学）かメリット青（エーザイ・生科研）を使っている。

肥料切れを防ぐには、この液肥の代わりに緩効性化成肥料のマイクロロングを、一トレイ当たり一五〜二〇グラムくらい前もって追肥しておくとよい。

(7) 根鉢を強めて、若根の暴走を防ぐ

ダイレクト苗は地下部も若苗強勢

一般にセル苗の定植は、「抜いても崩れないように根鉢にし、即定植」といわれている。根崩れするようでは活着が悪くなり、かといって根鉢ができると老化が急に進み、活着が悪くなり生育が停滞してしまうからといわれる。根域が狭いセル苗は、すぐに根鉢になるので、定植適期幅が短いのが欠点だともいわれている。

しかし、それは初期の草勢の強さが勝負の葉菜類には当てはまるが、定植後に栄養生長と生殖生長とをバランス良くコントロールする必要のある果菜類には、当てはまらない。とくに発根力の強く不定根も発生しやすいトマトは、根の力のコントロールが安定生育コースにもっていく技術として重要だ。根鉢をつくる必要があるのは作業性からだけではない。

ポット苗時代、私ができるだけ締めつくりをせずに「のびのび苗」を目指したのは、できるだけ根や茎葉を老化しさせないで若苗強勢の根を活かしたかったからだ。節水管理などの「締めつくり」をすると、地上部も硬くなり若々しさが失われ、根が老化する。「のびのび苗」なら、後述する定植後

写真12　4葉期のダイレクトセル苗
根が回り始めているが，まだまだ不十分

の「しおれ活着」にも耐え、スタミナが強い太い直根型の根群になったからである。

しかし、鉢上げもせず、葉齢も少なく花蕾の確認ができないうちに定植するダイレクトセル苗は、ポット苗以上に根の活力、再生力が強い。不十分な根鉢で定植すると太い根と吸肥力の強い細根群が旺盛に伸び、養水分を貪欲に吸収して暴走してしまう。その結果が異常茎、奇形果、乱形果の発生である。ダイレクトセル苗もポット苗と同じく「のびのび苗」が目標だが、若苗強勢が強過ぎるダイレクトセル苗は、定植前に根の若苗強勢力を弱める必要がある。

栄養生長を抑え生殖生長を促す根鉢期間

中抜き五五穴トレイのダイレクトセル苗は、播種後二八日、本葉四葉が展葉するころになると、出葉速度が鈍ってくる。葉色も淡くなり、茎にアントシアンも出て、抜いてみると写真12のように根がブロックの周囲に回り始める。そして、四日後には伸び始めた第五葉がまったく動かなくなる。草丈は多少伸びるが、葉が増えないので、これからは日当たりが悪くなることはない。

地上部の生育がストップすると、地下部の根の伸張もストップし、まるで休眠したような症状になる。しかし、枯死したわけではない。放っておくと葉色はさらに淡くなるが、光合成は行なわれており、できたデンプンは細胞内にだんだん蓄積されて、茎葉が硬くなってくる。

前述したように、このような症状になる前に、アミノ酸の入った液肥を如雨露で頭上から葉面散布する。液肥を施しても新葉が伸びてくることはないが、葉色は濃くなり根や葉の細胞の老化を防ぐことができる。

窒素やリン酸が不足すると花芽分化も障害を受け停滞してしまうが、追肥をし栄養状態を落とさなければ、栄養生長はゼロになるが、同化養分が花芽に多く転流されるため、生殖生長はむしろ強くなるのだろう。

抜いて放っても崩れない「熟根鉢苗」に仕上げる

ダイレクトセル苗の若苗強勢の弊害を矯正するには、この熟根鉢育苗が重要だ。熟根鉢期間が長くなるほど生育停滞期間が長くなり、収穫開始が遅くなるので、長く行なうほどよいというわけではない。私は根鉢が楽に抜け、定植する際にトレイから抜いて植穴部分にそれを放るようにして配っても、崩れないくらいの根鉢を目安にしている。それは、新葉が動かなくなってから、約二〜三日が目安だ。

写真13　定植前の4.5葉の熟根鉢のダイレクトセル苗
白い根が側面に網目状に張る

ダイレクトセル苗はポット苗より定植適期幅が広い

数年前、作業の都合で五〇日（通常は三〇日）も育苗したダイレクトセル苗を植えたことがあった。茎葉の黄化した、かなり老化した苗で、初期は大変みすぼらしく、友人もこれでトマトになるのかと心配してくれた。着果節位は上がり収穫開始も遅くなったが、一段花房からきれいな果実が収穫でき、後半の草勢バランスが良く収量もあまり変わらなかった。異常茎、奇形・乱形果、チャック果の発生は皆無といってよいほどだった。これは若苗強勢が強いダイレクトセル苗だからで、もしこれがポット苗の老化苗だったら、活着も悪く致命的な生育停滞となっただろう。

この経験から、ダイレクトセル苗の根は若い分、多少根鉢を強めても老化しにくく、再生力が強いことがわかった。このことから、ダイレクトセル苗は、ポット苗以上に定植適期幅が広いといえる。セル苗だからといって焦って定植する必要はない。

(8) どんな作型にも導入できるダイレクトセル苗

ダイレクトセル苗は冬トマト、春トマトにはうってつけ

トマトのダイレクトセル苗をつくりこなす技術のポイントを述べてきたが、ダイレクトセル苗は、だれでも自家育苗が容易で、低コストで労力も軽減され、定植適期幅も広く、安心して育苗ができる。そのうえ生育初期の暴走と着果節位の上昇対策を講じれば、後半までスタミナが持続し、高品質多収が実現できる。とくに生殖生長型で暴走しにくい半促成などの春トマト、夏秋トマトにはうってつけである。

千葉県では抑制栽培が多いが、現在多くの生産組合でダイレクトセル苗が導入されている。また、病害が多いトマトは接ぎ木栽培が多くなっているが、ダイレクトセル苗なら接ぎ木も台木をトレイに植えたままで容易にでき、直根型の台木のスタミナもさらに活かせる。そのためか、秋まきの促成栽培でも導入されている方が多い。

メロンなどウリ科果菜にも導入できる

ダイレクトセル苗は、ほかの果菜類にも導入できる。トマトと同じナス科のピーマンやナスなどは、異常茎や着果節位上昇の心配もなく、若苗強勢でいっそう太根・直根型になり後半までスタミナが続

き安定して高品質多収になるだろう。また、草花の育苗にも適しており、とくに二〇〇穴のトレイでは難しい直根型のヒマワリやルピナスにも導入できると思われる。

根が細いキュウリやメロン、スイカ、カボチャなどのウリ科でも、太い深く張る根が増え、成り疲れしにくくなる。私はハウスメロンも栽培しているが、メロンもダイレクトセル苗に挑戦している。メロンは後半にスタミナが切れてバテやすいが、ダイレクトセル苗は後半までスタミナ配分が良い。とくに抑制メロンでは、玉伸びも糖度も今までのポット苗に比べてはるかに良い。春のメロンでは、熟根鉢にしているのだが、定植後の草勢がまだ強すぎて、果実の玉伸びがやや悪く、まだ研究の余地がある。ウリ科の葉はトマトのような切れ葉でないので、五五穴トレイの中央一列抜きでは重なり合って徒長しやすい。できれば、左右二列目を二本抜いて、三列三三穴まきにすると、さらに良い苗に仕上がる。

トマトでも、発芽がそろわずそろった苗ができにくいという方は、最初一二〇穴か二〇〇穴のトレイ、または育苗箱にまいて、ポット育苗と同じく本葉が見え始めたころから一葉くらいの間に、そろった苗を五五穴トレイに移植するとよい。移植の手間と育苗日数が二~三日長くなるが、確実にそろった苗ができる。

2、直播《じかまき》トマトに学ぶ根系が促す安定生育

(1) 直播は草勢が強いのになぜ暴れないか

私がダイレクトセル苗の栽培技術をほぼ確立し、広く普及されるようになった平成八年、千葉県農業試験場北総営農技術指導所の鈴木健司先生は、トマトの直播栽培の研究を始められた。平成十年には農家段階での試験が始められ注目されるようになった。

私は五十数年前からトマトをつくり続けてきたが、トマトは最初から移植栽培だった（若苗強勢を生かそうとポットに直接まいたことはあったが）。同時進行する栄養生長と生殖生長のバランスをとり、樹勢のコントロールをするには育苗が不可欠だったからである。

ポットが開発されていない当時は、踏込み温床に元床、移植床をつくり、一・五葉期と四～五葉期の二回移植した。踏込みの仕方で床温を調節したが、希望の温度を出すのに苦労したものだ。一本一本崩れない根鉢にし、できた苗は種子屋さんなどでワラで一〇本一束に束ねて売られていた。

今考えると、これが果菜類の育苗の原点だった。昭和四十年代に入ってポリポットができてからは、一回の移植（鉢上げ）で立派な苗ができるようになり、一大革命であった。このような苗はよほどの

① 7/5 テープシード播種機で播種

② 7/27 生育スピードが速く播種後22日で5葉が展葉する。まさにのびのび苗の姿だ。ベッドの中央は抑草・地温抑制の黒シート

（撮影，山武農業改良センター）

多肥でなければ、暴走もせず異常茎も奇形も発生しなかった。

平成十年、直播を試験的に導入した農家に見学に行った。私は今までのトマトの苗つくりの経験から、直播でできればダイレクト苗よりいっそう省力できるが、トマトはそんなに甘くない、直播はセル苗よりも若苗になるのだから、さぞかし暴れて異常茎も多く発生し、第一段は奇形果、乱形果だらけだろうと思った。そのうえ、その農家は、あのジャジャ馬「元祖桃太郎」をテープシード播種機で播種したと聞いていたからである。

④　9／14　収穫開始。このころになると草勢は落ちつき，上位の葉が小さく，切れ込みも深くなり，葉色も落ちてくる

③　8／11　8～9節についた1段花房の開花始め。初期生育は旺盛で葉が大きく葉色も濃く，茎も太い

写真14　トマトの直播と生育

ところが、意外や意外、ポット苗の株は異常茎だらけなのに、直播の株は素直に伸びていて、着果も安定しよく肥大していた。奇形もない。聞けば、生育初期、九葉くらいまでは、これが同じ品種かと思われるくらい葉が大きく草勢が強かったが、第一花房が肥大するころからはおとなしくなったという。着果節位もポット苗より低く、収穫開始も早く、収量も多くなり上物率も高くなったという。この予想外の姿を見て、トマトの生理や栽培技術を改めて考え直さざるをえなかった。

(2) 着果節位が低く異常茎が出なかった直播トマト

平成十二年、私も鈴木先生に直接指導を受けて直播栽培を試験的に導入した。ダイレクトセル苗と比較したかったので、今の品種のなかで一番異常茎が出やすい「桃太郎8」を使ってみた。

七月五日にダイレクトトレイとベッドに同時にまいた。直播はテープシード播種機（五〇センチ間隔に一粒）でまき、ラブシートで覆い軽く頭上散水。四～五日後には発芽したので発芽揃い後にラブシートを除去した。初めてで水分管理がうまくいかなかったことや一粒まきの試験であったため、八五％くらいの発芽率であった。予備に直播したものを一・五葉期（ポット苗の鉢上げ期）に根を傷めないように抜いて補植した。その後、三～四回、エバフローで五～一〇分間くらい灌水したが、四葉期ころからは水を切り、第三花房開花ころから灌水・追肥を行なった。

ダイレクトセル苗は、四・五葉期に直播トマトの隣のハウスに定植し、通常の「しおれ活着」で管理した。

直播トマトは同じ日に播種したダイレクトセル苗と比べて、初期生育が旺盛で葉も大きく、葉の出葉速度も速かった。そして第一段花房節位は、直播が八～九節につき、ダイレクトセル苗は一一節となった。そして播種後七一日の九月一三日には収穫が始まった。生育が早く、着果節位が二～三節低くなったため、ダイレクトセル苗に比べて、ホルモン処理で一五日、収穫開始で一八日も早くなった。

これはポット苗と比べても一〇日は早い。一般のポット苗と比べても一〇～一五日早い。

しかも、抑制栽培の一段果は、チャック果や奇形果が多いのが通常であるが、直播トマトにはそれがほとんど確認できなかった。しかも玉張りが良くL、LL級となり、それでいて裂果もなかった。三段果あたりでちょっと軽い空洞果が見られたが、一時的であった。そして、予想どおり、異常茎はまったく発生しなかった。後半はややバテやすいと聞いていたのでCDUの追肥を早めに行なったためか、後半まで草勢が維持でき、九段花房まで収穫できた。

一方、一一節に第一花房がつき、収穫が一八日遅れの十月一日になったダイレクトセル苗のトマトは、収穫開始ころに異常茎が五〇％以上発生した。これには衝撃を受けた。そのため、ふだん九段果房の先で摘芯するものが、多くが六段果房で摘芯となってしまった。その結果、直播は、ダイレクトセル苗区に比べて、後半の収量はやや少なくなったが、総収量は多く、品質も良くなった。異常茎の発生しにくいハウス桃太郎であれば、ダイレクトセル苗でも異常茎にならずに、これほどの収量差にはならなかったと思われるが、改めて直播トマトの予想外の生育に圧倒されてしまった。

(3) 補植株（稚苗移植株）も直播と同等の生育

平成十二年の直播栽培を試みて考えさせられたことがもう一つある。

今回は種代のことも考慮して五〇センチ間隔に一粒ずつのシードテープで直播したが、発芽率は八

写真15①　10月6日直播の「桃太郎 8」

第１果房は８節につき，追肥を早めに行なったため，茎は先端まで太く節間も均一。異常茎や奇形果の発生はなし。着果も良好

写真15②　10月6日ダイレクトセル苗の「桃太郎８」

４本目のテープ部で異常茎が発生。第１段果房は10節で，２段目に奇形果が見られ，3段目の果房からは葉が出ている

五％で一五％が欠株となった。このことはあらかじめ予想できたので別に予備苗をまいておき、一・五葉期にていねいに掘り上げて補植した。ていねいに抜いても土がパラっと落ち、主根だけの苗だった。まだ双葉に十分に栄養分が残っているので、主根だけでも活着は非常に良かった。数日間は生育が停滞したが、ほとんどしおれることなく活着した。

一・五葉期の小さな苗は、水稲苗でいえば胚乳がまだ残っている稚苗ともいえる。これはちょうど、ポット苗の鉢上げ段階、昔の踏込み温床育苗なら第一回目のズラシ段階の苗である。私はこのごく若い段階の移植といえども苗の定植であり、苗であるかぎり若苗強勢でもっとも暴れやすくなるのではないかと予想した。活着の良さからも根の強さを感じた。

しかし、その後の生育は、直播の株と同等で、まったく生育からは区別がつかなくなり、どの株が補植株であったかもわからなくなった。したがって、収量や品質の違いも調査できなかった。この結果はさらに驚きであった。今までの私の「若苗強勢」理論ではこの現象は説明できない。

直播は発芽率の問題や土壌消毒などの圃場の準備期間が短くなるという問題があるが、この稚苗移植でも直播のような生育となるのなら、発芽率はさほど障害にならず、発芽までの管理も楽で、圃場の準備期間が一〇〜一五日間長くなる。

なぜ直播や稚苗は、着果節位が低くなり、異常茎も奇形果、チャック果が出なかったのであろうか。

(4) 直根型でうわ根・細根が少ない直播・稚苗トマト

直播や稚苗トマトはもっとも若苗であるのに、なぜ暴れないのだろうか。その理由は根の形態にあった。鈴木先生は早くからそのことを指摘されていたので、私のトマトもぶっ倒し後の十一月半ばに根を掘ってみた。

写真16は平成十二年に試作した「桃太郎8」のダイレクトセル苗と、直播と補植と思われる株（主根が株元で斜めに伸びている）の根系である。同じ品種でありながら、まったく違う。ダイレクトセル苗は、根数は圧倒的に多いが細根群が浅層に集中し、深く伸びる太根・直根が少ない。直播の根は、最初に出た主根がそのまま深さ六〇センチ以上にまっすぐ伸び、ゴボウ根のように太くなっている。主根から伸びる側根は少なく、表層の細根群も少ない。補植株（稚苗移植株）は、直播に似ているが株元から数本の太い根が深く伸びていて、そこから細根も比較的多く伸びている。ダイレクトセル苗と直播の中間的な根系ともいえる。補植株の地上部の生育が直播とほとんど同じであったのは、この地下部も酷似していたからである。

直播や補植トマトが暴れず異常茎も発生しなかったのは、この主根型の根群形態にあることは明らかである。この事実は、「太い根は水分を吸収し、細い根は肥料分を吸収し、互いが分業して養水分を吸収する」という説を裏づけるものでなかろうか。直根は温度や水分が安定した深層に張り、安定

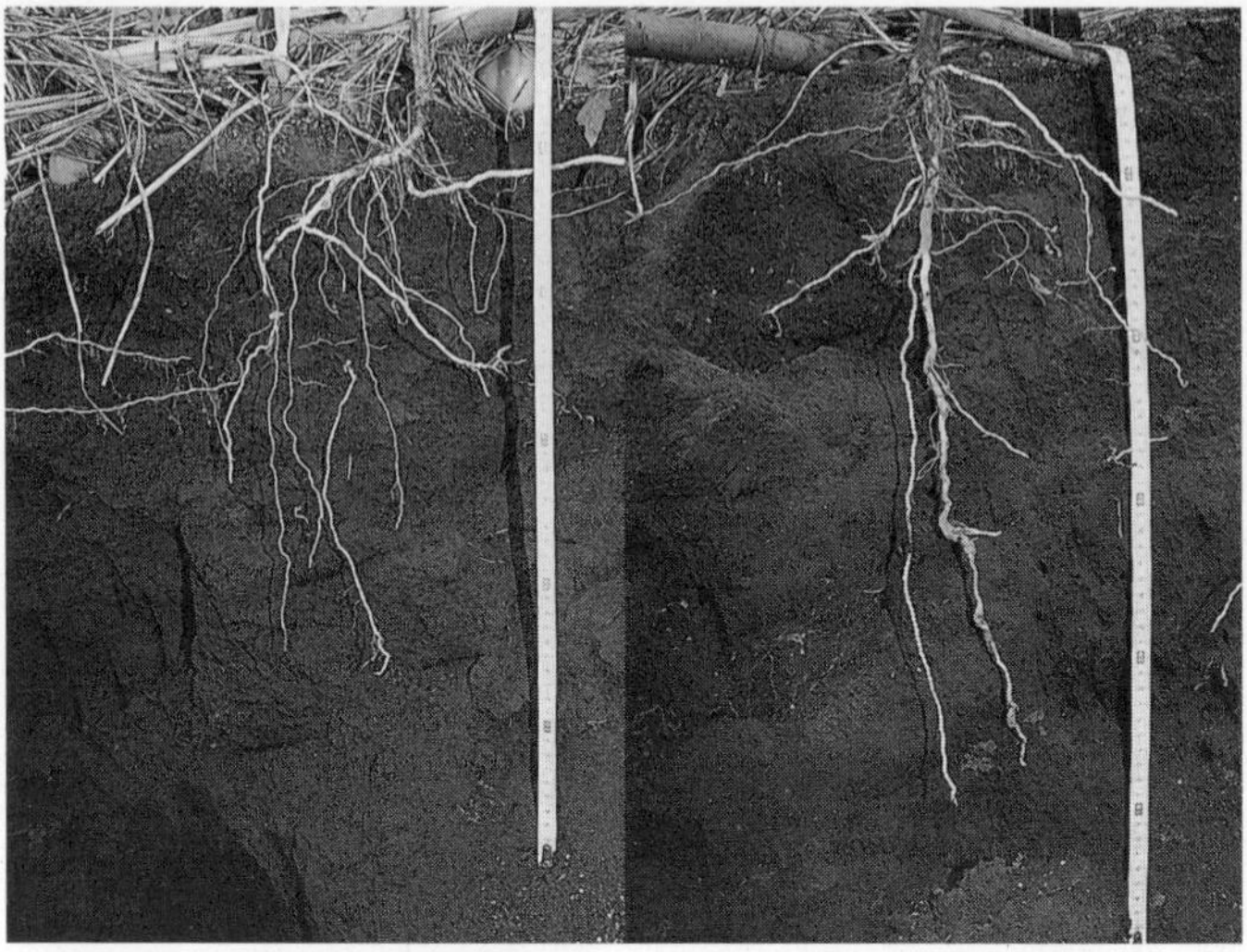

写真16②　補植株（稚苗移植株）と思われる株の根系

地下50cmくらい伸びた主根から太い側根が下層から表層に何本も伸びている

写真16①　直播の根系

太い主根が地下60cm以上にも伸び，表層には根が少ない

品種はいずれも「桃太郎8」，千葉県農業試験場，鈴木健司原図

して水分を吸収する。表層に張る細根群は新しい活力の高い根であり、耕土層に施された肥料分を旺盛に吸収する。

この二つの根のバランスが、生育、とくに初期生育の差になったと思う。直播トマトは確かに初期生育は旺盛であったが、それは細根群によるものではなく主根型の栄養吸収であったために、体内の栄養バランスが崩れず異常茎も発生しなかったのではないか。初期の草勢は強かったが、吸肥力の強い細根群が少ないために、果実への負担が早く高まるとともに草勢は落ち

写真16③ ダイレクトセル苗の根系

やや細い主根が地下40cmくらいまで伸び，株元から多数の細い根が表層に伸びている

つき、異常茎が発生しなかったのだろう。チャック果や奇形果が少なかったのも、花芽分化時の栄養状態が良く、胚や花粉が充実していたからだろうと思われる。

「元祖桃太郎」が暴れやすく衰弱しやすかったのは、活力の高い細根群が主体で直根が少ないためであった。直播・稚苗トマトの主根型根系は、「元祖桃太郎」の根系の逆である。吸肥力の点ではパワーは強くはないが、養水分吸収にムラがなく環境の変化にも強い（悪くいえば鈍感）。地上部の生育に見合った肥料吸収をするために、地下部も地上部も素直に育ち、トマト本来の生育になったのではなかろうか。

直播トマトは後半になると樹勢がやや弱くなり着果・肥大が悪くなる傾向があるというが、それはスタミナがないのではなく、吸肥力の強い若い細根群が少ないために、養分吸収が追いつかなくなるからであろう。また、第一花房の着果節位が低く早くから果実負担がかかるために、根への養分転流が少なくなり根が消耗しやすいのではないかと思われる。それに、後述するように、直播の根はネマ

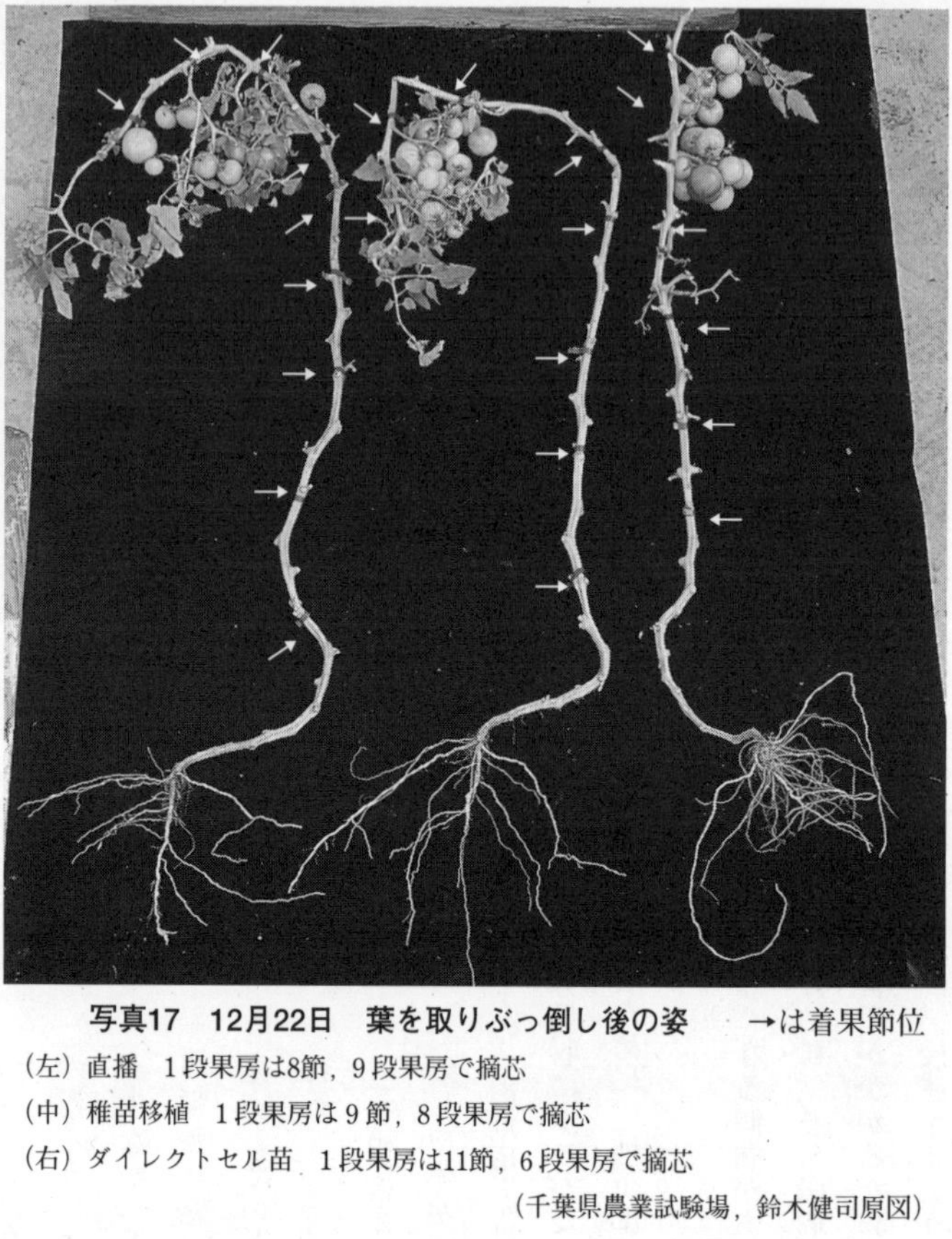

写真17　12月22日　葉を取りぶっ倒し後の姿　→は着果節位

（左）直播　１段果房は8節，９段果房で摘芯

（中）稚苗移植　１段果房は９節，８段果房で摘芯

（右）ダイレクトセル苗　１段果房は11節，６段果房で摘芯

（千葉県農業試験場，鈴木健司原図）

トーダなどの土壌病害虫に冒されやすい。これらが、後半にやや樹勢が弱くなりやすい原因ではなかろうか。

(5) 苗の初期段階でできる根系

このような根系の形態はどの段階でできるのであろうか。稚苗移植株の根が直播の根系に似ていたのは、主根型の段階で定植したからではなかろうか。

私は、ハウスの隅に五五穴、七二穴、二〇〇穴トレイを並べ、その横に直播してみた。そして五五穴トレイの苗が一葉のころ、そっと抜いて近くに移植してみた。これは、いわば稚苗移植である。

写真18はその二葉期に抜き取り、ていねいに泥を洗ってみた姿である。地上部の生育は直播、五五穴の苗は茎が太く葉も大きく伸び伸び育っている。根を見ると、明らかに直播は主根が長く伸び、側根は少ない。ダイレクト苗は側根が多く、根量は多いが主根の伸びは止まっている。七二穴も二〇〇穴の苗の根も五五穴ダイレクト苗と根量は少ないが形態は同様であった。

つまり、苗はごく早い段階で主根が容器にぶつかり生長をストップさせ、新たに側根を伸ばすのだ。その側根がまた容器にぶつかると、さらに細かい枝根を伸ばす。ダイレクトセル苗が七二穴や二〇〇穴のセル苗に比べて暴れにくいのは、ブロックが大きい分、主根が根詰まりせずに伸びる期間が長く、その後に出る側根も同様に伸び、定植後はほかのセル苗と比べて根が直根型に太く深く伸びるからであろう。

しかし、鈴木先生の話では、直播トマトは本葉二枚のときに、主根はすでに二五センチにも伸びているという。このことから考えると、五五穴だろうと容器で二葉以降も育てる苗であるかぎり、直播のような主根型にはならない宿命をもっている。

一方、一・五葉期に移植した稚苗の根は、写真18は移植後五日ほどであったためにまだ新根がよく

写真18　試験的にまいてみた2葉期の根系

①左55穴トレイ（三菱）苗，右55穴トレイ（ミカド）苗

②左から72穴トレイ，200穴トレイ，直播，1.5葉期にダイレクト苗を抜いて移植した稚苗（移植後5日）。

稚苗の主根の伸びは止まり側根が出始めている。直播はネマが寄生し，側根が伸びた。

出てはいないが、主根は枯れずにまた伸びようとしており、主根の根元から数本の太い側根が伸び始めている。写真19はその後の三・五葉期に掘ってみた根系である。五五穴ダイレクトセル苗に比べて細根は少ないが、太い側根が四～五本伸び、前述の収穫後半に掘り取った根系の姿がすでにできていた。早い段階の移植とはいえ、主根の先端の根冠は傷み障害を受ける。すると定植後にまだ若い主根の株元から太い側根が伸び始め、それが太い直下根になっていく。補植株の太い根も、このような経過でできたものであろう。この直根型の根系が直播と同様の地上部の生育を促したのだ。

昔から「苗半作」といわれているが、この根の違いからも、苗によってその後の生育が決定づけられることがよくわかる。苗つくりとは根系つくりでもあったわけである。根からみると苗つくりとは、主根型から側根・細根型にする技術だといえる。育苗すると根数は増えるが細根型になる。育苗期間が長いほど、また移植回数が増えるほど細根型となり根数は増える。細根型になると活着は良くなり、吸肥力が強いために初期生育が旺盛になる。そのため、育苗期間を長くしたり根鉢にすることによって、根の若々しさを抑え老化させることが必要になるのだと思う。

写真19　3.5葉期のダイレクトセル苗の根系（左）と1.5葉期にダイレクトセル苗を移植した稚苗の根系（右）

収穫前に見た写真16の根茎の原形ができている

私がダイレクトセル苗は熟苗にする必要があるとしたのは、細根形で若根で活力のあるセル苗ほど、それが必要になるからだ。

(6) なぜ早く花芽分化し着花節位が下がったのか

もう一つ疑問が残る。直播トマトは九葉期ころまで樹勢が強いのに、なぜ着果節位が下がるのだろうか。

トマトは前述したように、本葉一・五葉期から、体内の蓄積養分や花成ホルモンが充実してくると三葉ごとに花芽を分化してくる。肥培管理の面からみると、この期間に肥料分とくに窒素があり、水分も適度に安定してあり、温度とくに夜温がある程度低く、光もよく当たり樹体内の栄養状態がバランスよく高まるとが花芽分化が促進される。締めつくりで「ガッチリ苗」にするよりも、ストレスを与えず素直に育てた「のびのび苗」のほうが、花芽分化は促進される。

このような花芽分化の環境条件からみると、直播トマトは、ダイレクトセル苗よりも条件が良い。根は最初から伸び伸びと深く広く伸びるので、肥料が不足になることはない。日当たりも良く、開花するころまでは隣株の葉と重なり合うこともない。栄養状態が良好のまま育ち、根の老化も遅くなるので子葉などもいつまでも元気だ。花芽分化を促す花成ホルモンは、子葉や生長点から分泌されるといわれているが、これらに活力があるため、花成ホルモンも強まると思われる。

直播トマトの第一花房の着果節位が低くなったのは、このような条件のなかで育つからであろう。発芽当初からストレスや生育停滞なく、体内の栄養状態がバランス良く高まるために、トマト本来の強い力でバランスを崩すことなく花芽分化が促されるのだと思われる。

五五穴トレイで育てるダイレクトセル苗は、二〇〇穴や七二穴に比べるとブロックが大きいので、根のストレスが高まるのは遅くなるがポット苗よりは早い。ポットに比べ肥料分もかぎられ根も早くに老化し始める。そのために、花芽分化が遅れ着果節位が高くなりやすくなると考えられる。ポットは根にストレスがかかるのが遅くなるため、その間に花芽分化が促され、また育苗期間が長い分、老化程度はダイレクトセル苗よりも進み暴れにくくなる。このように考えると、長年かかって完成したポット育苗は、トマトの理想的な育苗技術であったと思う。

このことは、苗は「のびのび苗」にしたほうが良いと考えていた私の考えの裏づけともなったが、直播トマトは何もしなくとも根も地上部ものびのび伸長し、自ら栄養生長と生殖生長をともに強めて、バランスを図っているといえる。これは、これからのトマトの育苗を考えるうえでも示唆することが多い。

(7) 土壌病害に冒されやすく、冠水に弱い直播の根

しかし、直播は、加温栽培の作型では発芽から初期の温度・地温確保が難しく不可能であり、土壌

病害虫に冒されやすいなどの欠点がある。

まず第一は、青枯病、萎凋病、ネマトーダ（ネコブセンチュウ）やネキリムシなどの土壌病害虫に弱いことだ。直播は接ぎ木ができないので青枯病の発生が多い圃場では導入できない。萎凋病の発生圃場では抵抗性品種を選ぶ必要がある。

地上部の生育は旺盛でまったく障害が見られないのでわからなかったが、根系を見るために根を掘ってみると、直播はポット苗やダイレクトセル苗に比べてあきらかにネマの発生が多い。私の圃場でも今まではネマなど見たこともなかったが、写真20のような株も見られた。ちょうど太陽熱消毒の効果が及ばない三〇～四〇センチの部分にネマが発生している。同じ直播のベッドでも補植株にはあまりネマは見られなかった。直播を導入したほかの地域の農家のトマトの根も掘ってみたが、同様に直播トマトの根にはネマが多かった。

直播トマトは肥料に鈍感で後半にやや草勢が落ちやすいといわれているが、その原因はこのようなネマの発生にもあるのではないだろうか。

前述した幼苗段階の根系の試験でも、土壌消毒をまったくしていない自家用菜園の小ハウスに直播したため、写真18のように直播は苗の段階にネマに冒されてしまった。ところが、一葉期にセルトレイから移植した稚苗移植のものは、直播の隣に移植したにもかかわらずほとんどネマの発生が見られなかった。

写真20　私の直播トマトにも発生していたネコブセンチュウ。地下20数センチの部分に集中して発生

なぜ直播の根はセンチュウに冒されやすいのか。ネコブセンチュウは若い軟らかい根や、軟らかい部分の根の先端の根冠部分や側根のつけ根によく侵入するといわれる。根がある程度老化してコルク化して硬くなると侵入しにくくなる。直播の根はまさに若々しい幼根の状態でセンチュウの生息する圃場の深くまで伸びるため、どうしても冒されやすい。二〇センチくらいまでは、土壌消毒で消毒されるがそれ以下は消毒も十分に効かない。直播トマトの主根は本葉二枚のころには二五センチにも伸びることを考えると、明らかにポットやセル苗よりもセンチュウに弱い宿命を負っている。稚苗移植のものにネマが少ないのは、移植によって主根が切られ深くに伸びる時期が遅くなったり、切られることによって硬化し抵抗性ができるからではないだろうか。

　また、センチュウの休眠状態の卵は一五℃以上になるとふ化して、伸びてきた根に侵入し始める。前作が終了したら早く前作の根を枯らし、トマトの作付けまでの期間を長くとるほど、ふ化したセンチュウの栄養源が絶たれるので、センチュウの生息密度はかなり低くなる。直播栽培は移植栽培に比べて、この期間が短い。これもセンチュウに冒されやすくする原因だろう。

青枯病、萎凋病などの土壌病原菌に冒されやすいのも、同様の理由だろう。直播は、太陽熱消毒などの土壌消毒期間も十分にとりにくい。萎凋病は抵抗性品種を選択すればかなり防げるし、青枯病は接ぎ木をすれば心配ないが、接ぎ木をベッドで行なうことは不可能だ。接ぎ木しなければできない圃場では、直播は導入できない。危険である。

また、ネコブセンチュウは土壌消毒や生育中のアオバ液剤の土壌灌注でかなり防ぐことができる。また生育初期の発生さえ防げばトマトの収量にはあまり影響がない。

しかし、コブの形状から見ると、メロンやスイカなどのウリ類にも寄生するサツマイモネコブセンチュウだと思われ、トマトの収穫後にセンチュウ密度が高くなれば後作のメロンやスイカなどに問題が起こる可能性がある（今のところそのような問題は起きていない）。

(8) 稚苗移植栽培も有望か

私は直播栽培にもう一つ危惧していることがある。野菜のなかでもトマトの根は一番冠水、酸素不足に弱い。とくにゴボウのような主根型の根は冠水に非常に弱いことである。

以前、秋に大雨が続きベッドの上まで冠水してしまったことがある。翌朝には引けたが、日中しおれるようになり、根腐れが発生した。根が弱るとコルキールートも発生した。とくにゴボウのような根が深く伸び、一番それまでに健全で樹勢の強かった接ぎ木株がひどかった。当地のように水田に囲まれた地下水位の高い地域では、今後も冠水する可能性がある。

直播の根はこの接ぎ木トマトの根に似ており、冠水には同様に弱いと思われる。一本の主根が主体の根系では、この主根が大きな障害を受けると致命的である。太い根が四、五本伸び、比較的浅い層にも張っていれば、それほどの打撃にならないだろう。

トマトのスタミナとパワーのバランスは、直根型の太根と細根型のうわ根のバランスだと考えているが、私は太根が一本でなく四、五本伸び、そこから細根がほどよく伸びている根系が理想ではないかと思う。このような根系なら、初期に暴走することなく、スタミナ・パワーも最後まで期待できるからである。

その点で私は稚苗の根が理想的ではないかと考えている。稚苗は地上部は直播のような安定生育となり、根は太い根が四、五本伸びるからである。前述したようにネマトーダにも比較的強い。発芽に神経を使うことなく、また圃場の準備期間が一〇～一五日は長くなるので、土壌消毒の期間も確保できる。

当地の山武農業改良普及センターでは平成十三年度はペーパーポットの稚苗移植試験を予定してい

るが、私は育苗箱にまき一～一・五葉の苗を移植してみたいと思う。また、直播でも、このころに移植コテなどで根切りをしたらいいのではないか、昔の温床育苗のように、ベッドで手でズラシをしたらよいのではないか……また直播や稚苗の強い根なら、不耕起栽培も可能ではないかなど、いろいろと仲間と思案している。

いずれにしても、ダイレクトセル苗は、比較的おとなしい品種を選択すれば、どんな作型にもどんな圃場にも導入できるので自信をもっておすすめできるが、直播や稚苗は挑戦一年目で、私のなかではまだまだ、確立した技術にはなっていない。ダイレクトセル苗の栽培技術の確立も一〇年以上かかっている。直播や稚苗がどこでも問題なくできる技術になるにはまだ時間がかかるであろうが、鈴木先生が開発した直播トマトの驚異的な姿を見て、私には新たな技術ロマンに血がたぎるものがある。

3、「元祖桃太郎」に学んだトマトの基本技術

(1) 「元祖桃太郎」に学ぶ第三花房開花までのコントロール技術

一九八四年に登場した「桃太郎」は、またたく間に全国的広がり、トマト栽培を一新させた。しかし、今までの品種とに比べて環境の変化に敏感で、少し樹勢が強いと異常茎が多発し、一段花房が肥

大し始めると急に樹勢が弱くなりスタミナ不足になった。当時、「桃太郎」をつくりこなすことに産地の存亡がかかったほどで、いままでの栽培技術を見直すきっかけとなった。その後、つくりやすく改良された「ハウス桃太郎」「桃太郎ヨーク」などに変わってきたが、私はトマト本来の性格をはっきりもち、トマト栽培技術とは何かを教えてくれた「桃太郎」を敬意を込めて「元祖桃太郎」と呼んでいる。拙著『桃太郎をつくりこなす』（農文協刊）は、その成果をまとめたもので、品種が変わった今でも、またセル苗をつくりこなすうえでも役立つ、トマト栽培の基本技術だと思っている。ぜひご一読をおすすめしたい。私のダイレクトセル苗をつくりこなす技術は、「元祖桃太郎」をつくりこなす技術があってこそ確立したといっても過言ではないからだ。

「元祖桃太郎」に異常茎が多発するほどの初期の樹勢の強さと、肥大開始期からのスタミナ切れが同居していたのは、根の形態の違いに現われていた。写真21のように、大変つくりやすくスタミナもあった「麗玉」の根が太根型で細根が少ないのに対して、「元祖桃太郎」の根は、細根型で太い直根がない。細根群は浅い層に張りめぐり、定植後から旺盛に養水分を吸収する。異常茎が出やすかったのはこの細根群の驚異的パワーの結果であった。肥大期からはスタミナ切れになりやすかったのは、馬力をつける太根・直根が少なかったからである。

すぐに樹勢が落ちやすいことから「元祖桃太郎の根は弱い」とみなす方が多かったが、私は強いとみた。スタミナ切れを起こしてからでも、追肥をすればすぐに回復し最後まで樹勢を維持できたから

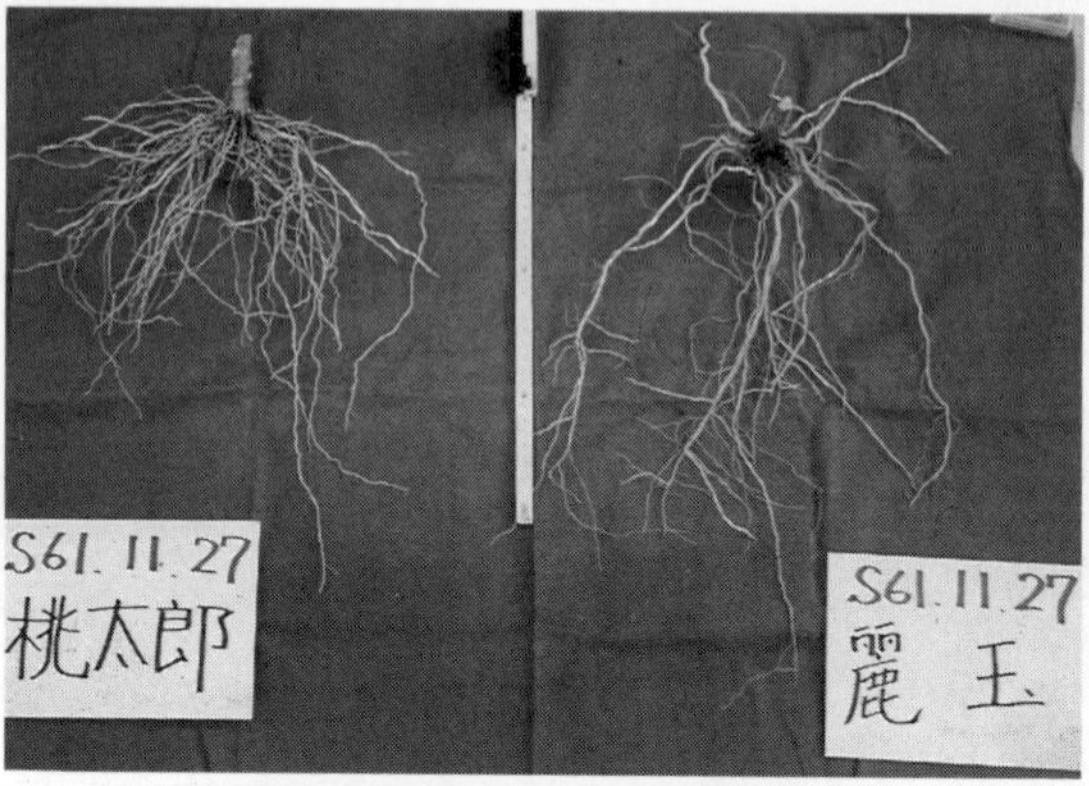

写真21　細い活力の根が多い「元祖桃太郎」と太根が多くつくりやすかった「麗玉」の根系

である。

ダイレクトセル苗はポット苗よりも直根型だが、直播や稚苗と比べると細根型で根数が多く、「元祖桃太郎」と似た根系である。ダイレクトセル苗が直播より異常茎の出やすいのは、「元祖桃太郎」に似た細根型の根系と、若苗強勢のために「元祖桃太郎」と同様に根が強く活力が高いからである。

その意味でも「元祖桃太郎」をつくりこなす技術は、ダイレクトセル苗をつくりこなす基本技術でもある。トマト栽培は、定植から第三花房の開花開始、さらに収穫開始までの管理が決定的である。この間の基本技術は、直播や稚苗栽培でも共通しているので、その要点を次に述べたい。

(2)「しおれ活着」させて早く水を切る

トマトは定植から第三花房の開花開始・第一果房がピンポン玉の大きさになるまでの管理が勝負

だ。この間に栄養生長と生殖生長のバランスをどうとるかで以後の地上部の生育が決定づけられる。それに、根系の原形は苗の段階でできてしまうが、定植後圃場に伸びる根の形態も、この間に決定づけられる。この間に活着後だんだん強くなる草勢を見極め、異常茎にもスタミナ切れにもならない安定生育相に仕向けることが、トマトつくりの勝負だ。この間に失敗すると、異常茎もスタミナ切れも、果実負担が急増し始めるこの第三花房開花期前後に発生する。この間を乗り切れば、あとはそれを維持していくだけでよい。ここで失敗すると、なかなか取り返しができなくなる。

若苗強勢で草勢が強くなりやすいダイレクトセル苗はとくに、「元祖桃太郎」と同様にこの間に安定生育コースにコントロールすることが重要だ。しかもポット苗はこの間が約一カ月だが、一葉若いダイレクトセル苗は七日ほど、もし着果節位が二節高くなれば一〇日ほど長くなる。期間が長くなるだけに、観察力とコントロール技術がいっそう重要になる。ポイントは「早く活着させて、早く水を切る」水管理である。早く活着させるには灌水すれば早くなるが、それでは根が深く伸びないので早く水を切れない。いつまでも水が切れないと肥料分を吸収し暴走型の生育コースになってしまう。

私は「元祖桃太郎」時代から、ベッドをつくる前に太陽熱消毒を兼ねてドブドブ入れて下層にため込み、夏場の暑さでベッド表面がカラカラに乾いてから定植している。定植直後は一〇分間くらい頭上灌水（頭上ノズルかスミサイスイR）で葉水程度にかけ、その後は下葉がしおれても生長点がしおれなければ灌水は我慢し、晴天が続きしおれがひどいときでも日中一五分間くらいの葉水程度の頭上灌水にとどめている。普通の年は定植後七～八日後にはしおれなくなるので、この葉水程度の頭上灌水も一～二回くらいですんでいる。

絶対に株元灌水はしない。株元灌水するとしおれは少なくなるが根は動かず伸びない。根の回りが乾燥気味で酸素が多くあっていてこそ、根は下層の水分を求めて深く伸びていく。株元灌水すると根鉢の回りに水分が多くなるので、根はそこに安住してしまう。根が伸びないので乾くとまたしおれるから、また株元に灌水する。株元灌水ではこの繰り返しとなり、いつまでも水が切れなくなる。

そして根が伸びてくれば、茎葉はしおれても生長点が伸びてくる。私はこの状態を「しおれ活着」と名づけた。しおれ活着は普通、定植後四日前後になる。しおれ活着したら、もう葉水も必要ない。「しおれ活着」して数日すると日中もしおれなくなり、葉ツユをもつようになる。この状態を「完全活着」と呼び、こうなれば第三花房が開花するまで一切水はやらない。するとさらに根が太く深く伸び、株元灌水して早く活着させたものよりも葉ツユが多くなる。

ダイレクトセル苗は、ポット苗よりも活着が早いので、この「しおれ活着・止水管理」も安心してできる。活着力が強く第三花房開花までが長いだけに、早く水を切らないと暴走もしやすい。ポット苗以上に「しおれ活着・止水管理」を徹底し、太い直根型の根系にもっていくことが、「元祖桃太郎」と同様に重要だ。

ダイレクトセル苗を「しおれ活着・早期止水」管理すると、草勢がおとなしく細根型の「ハウス桃太郎」でも、数本の太い根が深くに伸び、後片づけのときに抜き取るのが大変だと友人から愚痴をこぼされるくらいの直根型の根が張る。細根の数は少なくなり、過剰に肥料分を吸収する弊害も抑えられる。草勢の弱い品種でもスタミナがつき後半にまで草勢を維持しやすくなる。

(3) 葉色・葉ツユ・葉の動きで生育診断

直根型生育にもっていくといっても、生育中は根を観察できない。生育は茎葉を観察する以外にない。どんな植物でも、日々生長点や葉を動かし、葉色を変化させ、葉ツユも増減させながら生長していく。その日変化が大きいほど活力が高い。その変化から健全な生育かどうかを判断し、異常茎コースにもスタミナ切れコースにもならないようにもっていく。

完全活着すると葉色はだんだん濃くなってくる。葉色の変化は若さのバロメーターで、日中の同化作用で炭水化物がたまる日没直前が一番濃くなる。夜間はその養分を転流させ新しい細胞をつくり伸ばしていくので、生長点は昼間はそんなに動かないが、朝見るとスーと伸びていることがよくわかる。葉色もそのため、午前中の九～十時ころが一番薄くなり、それからまただんだん濃くなる。葉色の変化は天候によっても違い、晴天の日ほど、また晴天で風のある日ほど濃くなり変化も大きい。曇雨天の日は薄く変化も少ない。また、この変化はもっとも活動している、生長点から四～五枚目の葉が一番大きい。

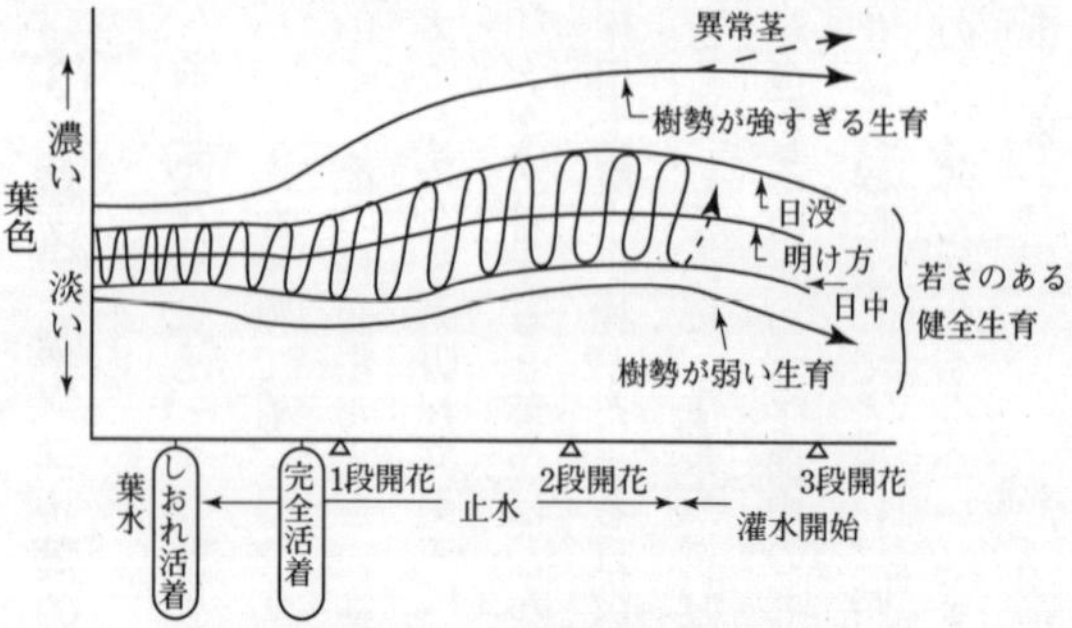

図4　定植後1カ月間の生育と葉色変化

この日変化は葉の角度にも現われる。日没直前になると先端部の葉が立ち上がってくる。そして夜明け前に最高に立ち上がり、日が登ってくるとだんだん下がり、日中は垂れ気味になる。この変化が少ないときは、活力がない証拠だ。草勢が強すぎて異常茎コースになりそうなときは、濃いままあまり変化しない。草勢が弱くスタミナ切れになりそうなときは、薄いままであまり変化しない。

定植し完全活着すると、だんだん葉色が濃くなると同時に、日変化も大きくなっていく。二段花房開花から三段花房開花ころが一番濃くなり、第一花房がピンポン玉になるころになると、しだいに葉色が落ちてくるので、その前に灌水・追肥を開始する。

また、根の強さは葉ツユの出方でわかる。完全活着してから葉ツユもだんだん多くなるが、止水を続け、第一花房が開花して着果するといったん少なくなり、その後根が深く張ってくるとまただんだん多くなる。しかし、葉ツユも多いほどよいわけではない。あまり多いのは根の養水分吸収過剰の証拠で、異常茎コースにつながる。逆に草勢が弱くなったり、異

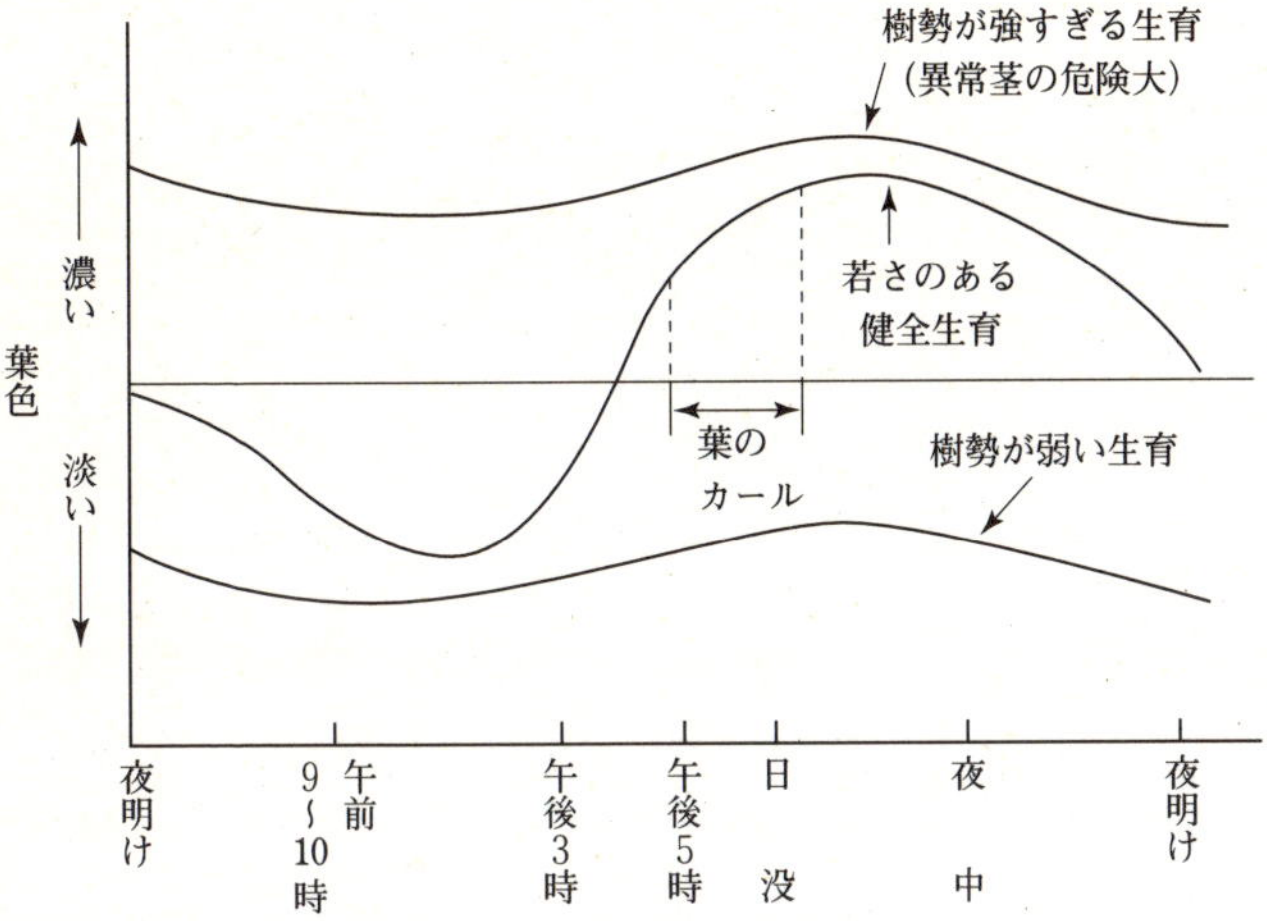

図5　1日の葉色（上位4〜5枚）変化のタイプ（晴れの日）

常茎になってしまうと葉ツユをもたなくなる。葉ツユも葉色と同じく、もったりもたなかったりの中くらいの出方でないと安定コースからはずれやすい。

(4) 第三花房開花期の「試し灌水」で灌水開始を決める

第三花房の開花がし始めるころには、第一花房だけでなく第二花房も着果して肥大し始める。このときが、トマトの正念場になる。このときまでにしっかり根が張れなかったものは、果実の負担に根が耐えられず、急に葉色が淡くなり葉も小さくなり、茎も箸のように細くなってしまう。このスタミナ切れになると灌水・追肥をしても容易に回復せず、第四、第五花房の花質が悪くなり、開花しても結実せず落花してしまう。

私は、この止水期の生育は第三花房開花前までだんだん葉色が濃くなるような、やや強めの草勢を目安にしている。第三花房開花前にスタミナ切れになってしまっては、その後の生育修正が不可能になる。スタミナ切れの徴候が少しでも見えたら、第三花房開花前でも灌水・追肥を開始する。最初から草勢の弱い品種や苗の場合は、第二花房の開花盛期から灌水・追肥を開始したほうがよい。

しかし、異常茎になっても困る。図6のように草勢がだんだん強くなると、夕方、葉色が濃くなるばかりでなく、上位の葉が下側に弧を描くように巻き込むようになる。朝にこの巻きが戻るうちはよいが、だんだん戻らなくなってくると生長点のある先端部が太くなり首をかしげたように「くの字」に曲がってくる。こうなると、朝見ても生長点が伸びておらず、異常茎発生の寸前だ。

灌水・追肥開始の目安は、第三花房開花期のころだが、このような異常茎の徴候が見えたときは、遅めに行なう。私はどちらかといえば草勢を強めに、ハウスの一部に異常茎が出るくらいを目安にしている。だから、茎は第一花房の着果節くらいからやや太くなるようにしている。そのような生育になるように元肥を加減しているが、灌水・追肥開始は、葉色がピークになり朝夕の葉色の変化や葉の動きが少なくなったときが適期だ。

このようになったら、朝、軽く一五分くらいウネ中央に設置した灌水パイプで灌水する。その日の夕方は灌水で窒素吸収が増えるためかやや葉色が濃くなるが、翌朝、巻きが戻り葉ツユは多くつき、

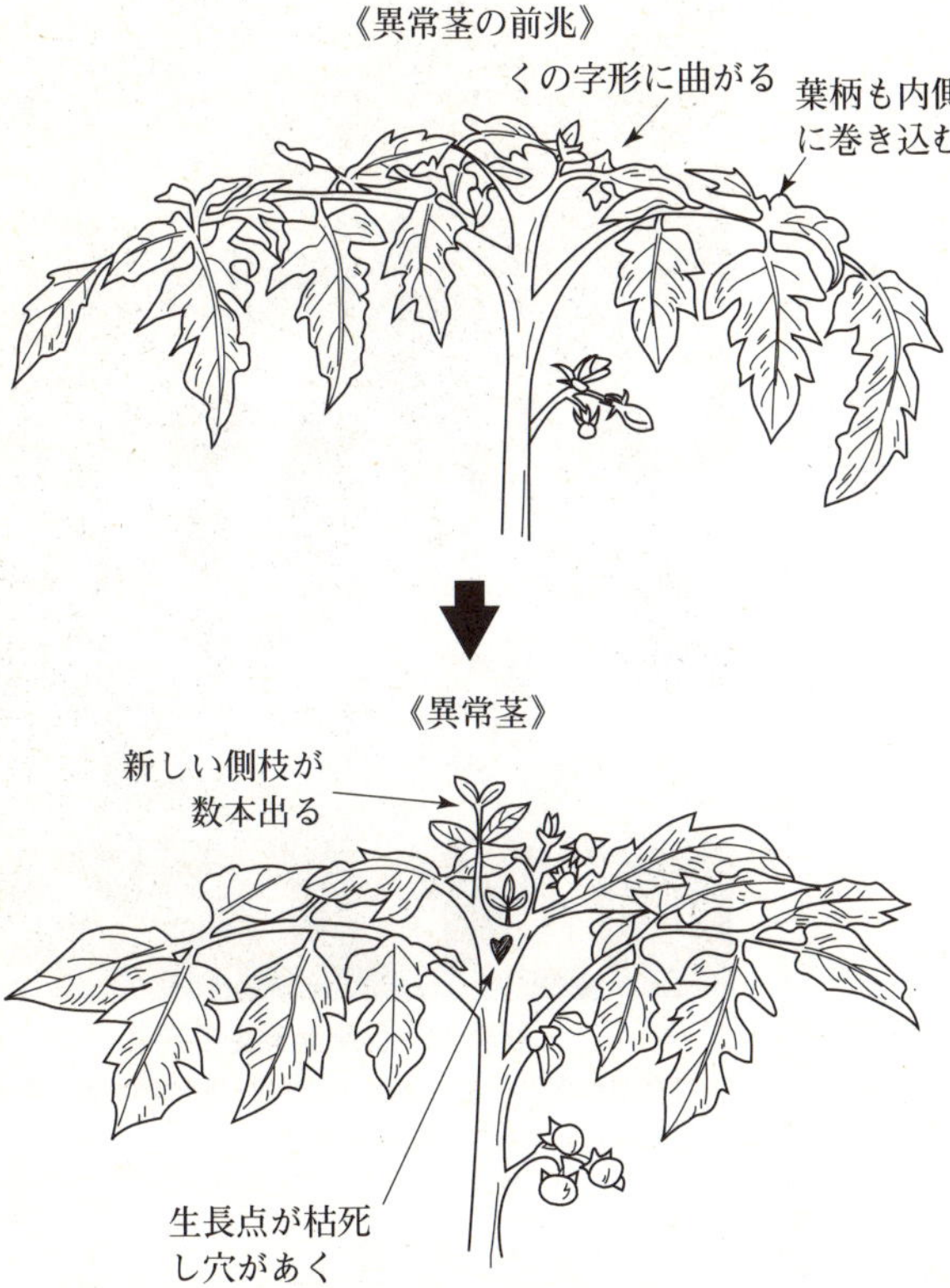
《異常茎の前兆》
くの字形に曲がる
葉柄も内側
に巻き込む
《異常茎》
新しい側枝が
数本出る
生長点が枯死
し穴があく

図6　異常茎の発生

写真22　異常茎発生の前兆

葉色濃く変化しなくなり，先端部が太く伸びなくなり，生長点部がくの字型に曲がる

葉色も淡くなり、太めになっていた生長点のある先端部が細めにすうっと伸びてくれば、以後、灌水、追肥を開始していく。

　これが、朝になっても葉色が落ちず、生長点が太く曲がったままだと、まだ灌水・追肥はできない。二〜三日後に再び試し灌水をして、生長点がすうっと伸びるようになってから灌水・追肥を開始する。第三花房開花以後は、果実負担が大きくなるので、スタミナ切れにならないようやや強めの草勢を維持していく。

　ダイレクトセル苗をつくりこなすには、このような「しおれ活着」「完全活着」「止水」「試し灌水」を行なう第三花房開花前後までの、生育観察とタイミングを逃さぬ管理が決定的だ。

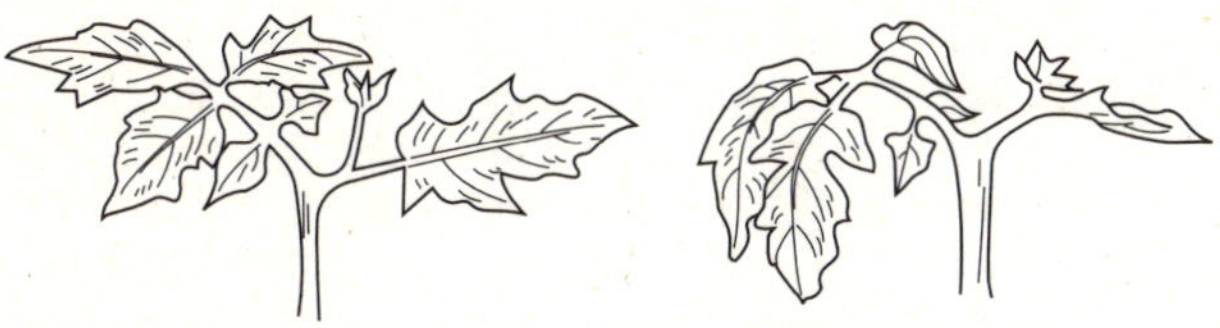
灌水・追肥OK
まだ早い
先端が細く伸び，葉の「巻き」も戻る
先端が伸びず，曲がったまま太くなる

図7　試し灌水後のサイン

(5) 直播も四〜五葉まではのびのび育て、以後第三花房開花まで止水

直播栽培のポイントは発芽揃いを良くすることが第一だが、管理の面では水分管理がもっとも大切だ。

私は初期の草勢が強い直播では、四葉ころから灌水はひかえ五葉ころには完全に灌水は打ち切る。あまり早く止水に入ると育苗での「締めつくり」と同様で、生育速度が鈍り、着果節位が上がったり着果が悪くなる。水切りが五葉期後になると樹勢が強く繁茂して異常茎も出やすくなる。灌水・追肥の開始時期も、ポット苗やダイレクトセル苗と同様に第三花房の開花始めころを目安にしているが、着果節位が低く開花が一〇〜一五日早くなるので、再開時期もそのくらい早まる。直播は後半に樹勢が落ちやすいので早めに灌水・追肥をする必要はあるが、そのタイミングはポット苗やダイレクトセル苗と同様に「第三花房の開花始めを目安に、試し灌水をして判断する」以外にない。

しかし異常茎にならないかぎり、樹勢はやや強めのほうが肥大が良く、収穫開始ころまで樹勢を落とさず、あとはその樹勢を最後まで維持していけば収量は多くなる。直播は確かに主根型の太い直下に張る根はスタミナがあると思うが、肥料を吸収する細根型の根もある程度ないと後半に草勢が弱くなる。直播トマトはもともと、主根中心の太根型で、追肥にも鈍感である。そのうえ早いうちから果実負担が大きくなるので、第二花房開花ころから生長点部をよく観察し、第二花房開花最盛期あたりに試し灌水をして、灌水・追肥を開始したほうがよいと思われる。

(6) 元肥はひかえ、緩効性肥料の追肥でなめらかな肥効に

施肥設計は毎年土壌診断に基づいて行ない、常に収穫後のECが施肥前と同じになるように施肥設計する。ポット苗に比べダイレクトセル苗は、若苗強勢で吸肥力も強くなるので、元肥量はポット苗の二割減（異常茎の出やすい品種は三～四割減）にとどめる。その分、第三花房からの追肥を多く施していく。

直播の場合は、根は強いが肥料吸収力の高い細根が少ないので、元肥量はそれほど減らす必要はない。追肥は、私は第三花房開花から摘芯前（九月末）まで、一〇日おきに緩効性肥料を四回施しているが、直播は一〇～一五日開花が早くなるので、追肥回数が一回多くなる。その分、追肥量も多くなり、後半も樹勢を維持できる。

追肥で重要なことは肥効の波をできるだけつくらないことである。異常茎も、奇形・乱形果の発生も体内栄養のバランスの崩れが原因である。葉がつくる同化養分（デンプン）と根から吸収される無機養分（肥料）とくに窒素とがアンバランスになったときに起こる生理障害である。トマトは発芽し二枚目の本葉を出すころから花芽分化を開始し、以後は摘芯するまで茎葉の伸長と花芽の分化・発育を同時に行ないながら生長する。この栄養生長と生殖生長のバランスや、体内の窒素栄養と同化栄養（炭水化物）のバランスを崩さない生育体制を、元肥と灌水で第三果房開花開始ころまでに確立すれば、以後はその体制を追肥・灌水で、急激に変化をさせずに維持していけばよい。

だから、追肥の肥効もゆるやかに、なめらかに、あまり急激な変化がないようにもっていくことが大切だ。一般に追肥は即吸収される速効性の化成肥料にかぎるといわれてきたが、速効性肥料を施すと肥

写真23　私が追肥にも愛用している緩効性肥料

ダブルパワー1号（左），CDU S555（中），エスカ有機（右）

効に大きな波が生じ、それまでの体内栄養や栄養生長と生殖生長のバランスを崩しやすい。肥大開始の第三花房開花からは肥料分の吸収も多くなるが、急激な肥効の波ができないように追肥することが重要だ。そのためには、追肥も緩効性を使うほうがよい。私は主に有機発酵肥料の「エスカ有機」と緩効性のCDUを基本に、早く効かせたいときはこのCDUに速効性の化成肥料を配合した「ダブルパワー」（チッソ旭）を追肥に使っている。

私はこれらの緩効性肥料で、追肥・灌水を開始してから収穫を開始するころまでは、草勢を強めにもっていくようにしている。ここでスタミナ切れになると、ダイレクト苗や直播のスタミナの強さを活かすことができなくなるからだ。第一果房の着果節位あたりから、茎がだんだん太くなるくらいにもっていっている。

第2章

ダイレクトセル苗栽培

1、品種、床土、トレイ、播種期の選択

(1) 初期の草勢がおとなしい品種を

草勢のおとなしい品種がよい

ダイレクトセル苗は、ポット苗に比べて若苗強勢でパワーがつき、着果節位の上昇、異常茎や奇形果の発生などが起きやすいので、草勢が比較的おとなしい品種を選びたい。七二穴トレイで育苗した二・五葉のセル苗に比べてその危険性は少ないが、元祖「桃太郎」や「サンロード」など、草勢の強い品種は難しく、さけたほうがよい。

「ハウス桃太郎」「桃太郎ヨーク」「メリーロード」「マイロック」「至福」「優美」「ちあき」「みそら」など、根の力が比較的弱く草勢のおとなしい品種が適している。現在もっとも味や形状の点で良いと思われる「桃太郎8」は、この前者と後者の中間で、異常茎を出さない肥培管理ができれば、ダイレクト苗栽培も可能である。現在私の導入品種は、栽培試験品種を除くと、「桃太郎8」が八割、「ハウス桃太郎」が二割である。「桃太郎8」はエフクリン鉄骨大型ハウスで、「ハウス桃太郎」はエフクリンのパイプハウスで栽培している。

主な品種と特性

私は毎年種苗メーカーの委託を受けて開発中の品種も栽培試験をしている。主な優良品種の特性とダイレクトセル苗適性について述べたい。

①桃太郎（元祖桃太郎）（タキイ）

最初に発表された元祖桃太郎。品質が良く果実の肥大も良いが、初期の草勢が強いため異常茎が発生しやすく、根が細いため後半にスタミナが切れて先細りし着果も不安定になりやすい。この草勢コントロールが難しく、ダイレクトセル苗には不向き。

②桃太郎8（タキイ）

元祖桃太郎に似て品質も良く、とくに糖度は上位ランクで、元祖桃太郎に比べて異常茎の発生は少なく果実も安定してＬＭ級になる。しかし、もっとも初期の草勢が強く、異常茎も発生しやすい。ダイレクトセル苗にも向く品種であるが、抑制栽培では草勢コントロールがやや難しい。

③ハウス桃太郎（タキイ）

草勢がおとなしく、もっともダイレクトセル苗に向く品種。元祖桃太郎に比べて節間がやや長く、よほど多肥しないかぎり異常茎は発生しない。果実の花落ちが小さくきれいで、ＬＭ級で大果系ではないがA級率は高い。欠点といえば若干チャック果が発生しやすいこと。

④桃太郎ヨーク（タキイ）

元祖桃太郎に似て初期草勢が強いが、異常茎の発生は少なく、果実肥大が始まると弱くなるがスタミナもある。ダイレクトセル苗にも向く。今つくられている品種のなかではもっとも大果系であるが、高温で着色が進められない時期は、追熟するとベースグリーン部分の色上がりが良くない。低温期には他品種よりも収穫日数がかかる。

⑤T一五九（元NO二七三）（タキイ）

桃太郎ヨークの改良品種で私の品種比較試験では両年とも品質・収量ともトップ。果実はL級中心に安定着果し、チャック果も少ない。前半は草勢がやや強いが、草姿はパラッとしていて異常茎の発生の心配は少ない。果実が肥大する後半は草勢もおとなしくなる。ダイレクトセル苗にはとくに向く有望品種。花落ちがやや大きいのが欠点。

⑥メリーロード（サカタ）

草勢がおとなしく異常茎の発生はほとんどなく、ダイレクトセル苗に向く。果実の肥大は良く初期収量は上がるが、地力がなかったり肥料切れを起こすと後半に肥大が悪くなる。

⑦ろくさんまる（サカタ）

S六三〇で試作されていた品種で、草勢は強いほうだが異常茎は出にくく、果実の肥大・品質とも良く、つくりやすくダイレクトセル苗に向く。

表3　主な品種の耐病性

	半身萎凋病	萎凋病	ネマトーダ	TMV	斑点病	青枯病	J 3	葉カビ病
桃太郎	○	△	○	○	○	－	－	－
桃太郎8	○	○	○	○	○	△	－	－
ハウス桃太郎	○	△	○	○	○	－	－	－
桃太郎ヨーク	○	○	○	○	○	－	○	○
メリーロード	○	△	○	○	○	△	－	－
ろくさんまる	○	○	○	○	○	－	－	△
マイロック	○	○	○	○	○	○	－	○
優　美	○	△	○	○	○	－	－	－
T 159	○	○	○	○	○	－	－	○
SC 8 - 402	○	○	○	○	○	－	－	○
至　福	○	△	○	○	○	－	－	○
甘太郎ジュニア	○	△	○	○	○	－	○	－

萎凋病の△はレース1のみに耐病性。J 3…根腐れ萎凋病

⑧マイロック（サカタ）

おとなしいタイプの品種で異常茎の心配はなく、着果数は多くないが安定して着果し、摘果の必要はなくつくりやすい。ダイレクトセル苗に向く。葉がパラッとしているので、ベースグリーンが残るのがちょっと気になるが、肥大性が良いのでやや密植して葉で果実を保護してつくるとよい。

⑨SC八―四〇二（サカタ）

前半、後半を通じて草勢がやや強く、あまり多肥栽培すると異常茎が発生する心配が若干あるが、ダイレクトセル苗に向いている。着果数も多く安定しており、玉伸びも良くLL、L級が多いので、収量は断然トップ。

⑩至福（カネコ）

生育初期から草勢のバランスが良く、ダイレクトセル苗でもつくりやすい。果色もきれいにあがり、玉質

が硬く収量もある。

⑪優美（丸種）

草勢はバランスが良く安定しており、ダイレクトセル苗でもつくりやすい。果実は安定着果し、色上がりもよい。

⑫甘太郎ジュニア（むさし種苗）

全生育期間を通じて草勢バランスが良く、ダイレクトセル苗に向いている。果実の肥大性が良くL級以上の大果が多い多収品種。

そのほか、みそら（ミカド）、ちあき（園研）などがあり、いずれもダイレクトセル苗に適している。

(2) 床土は排水・通気・保水性をさらに良く

通気性・排水性が悪いと根鉢ができず老化しやすい

セル苗はポット苗よりも根域が狭く、しかもブロックに十分に根が張った根鉢にしないと定植できない。抜いたときに床土が崩れるようでは根が損傷し活着が悪くなる。根張りを良くするには、発芽後やや乾燥気味に育て、根に酸素を十分に供給することがポイントだ。根鉢になってから過湿になると酸素不足で急激に老化が進む。

写真24　品種（桃太郎8と桃太郎ヨーク），トレイ（三菱・スピンアウトトレイ・みかど），培養土（与作とセルトップV），窒素量の比較試験。培養土の違いによる生育差が大きい

ポット苗では市販の培土よりも、落葉やモミガラなどを数年かけて腐熟させた自家製の床土のほうが、育苗後半まで下葉が枯れ上がらず、植え遅れても心配がなかった。しかし、ポットでもあまり重い床土は、水をかけすぎると酸素不足になって根が張らず、乾くと固くなり排水が悪くなるなど、灌水が難しかった。

根域が狭いうえに根鉢にする必要があるセル苗育苗では、ポット苗以上に、肥えもちよりも通気性・排水性・保水性が良く、酸素がよく入る培養土を選ばないと、茎葉ばかりが徒長し根の老化が進み根量も増えない。

写真24は床土試験の結果である。播種後二九日で定植時

期になっているが、まだ根鉢ができず崩れてしまうものもある。また地上部の生育も床土によって差が大きい。今までのポット用の自家製床土を使う場合は、ピートモスを五割くらい配合して、排水性の良い軽い床土にしたほうがよい。

また、同じ培養土でもトレイの置き方（99頁参照）によっても乾き方が違うので、床土の排水・通気・保水性の程度によって置き方も調整するとよい。

信頼できる市販培養土を使ったほうが得策

五五穴トレイならポットと比べて、量は五分の一から八分の一ですむ。市販のものは品質にバラつきがなく、消毒ずみである。二〇〇五年からは「サンヒューム」が全廃される。毎年一定の質の培養土を自分でつくるのはなかなかできず、労力もかかる。ダイレクトセル苗なら量も少なくてすむので、私もダイレクトセル苗になってからは市販培養土を利用している。

私の使っているチッソ旭の「果菜類専用培土（与作）」は、土にバーミキュライトやピートモスが多く配合され、さらに細かな炭粒が混入されている。炭の電子イオン効果のためか、粒状で排水性が良くなるためか、苗のできが良い。肥料分は一リットル当たり窒素二〇〇ミリ、リン酸五〇〇ミリ、カリ一五〇ミリで、たいていの場合この肥料分だけで施肥することなく育苗できる。

そのほか、トマトのセルトレイ育苗に適した市販培養土には、「元気くん」（コープケミカル）、「良葉培土」（ニッピ）、プライムミックス」（サカタ）、「スーパーミックス」（サカタ）、「鉢上培土」（タキイ）、「北海ピート」（北海ピート）などがある。

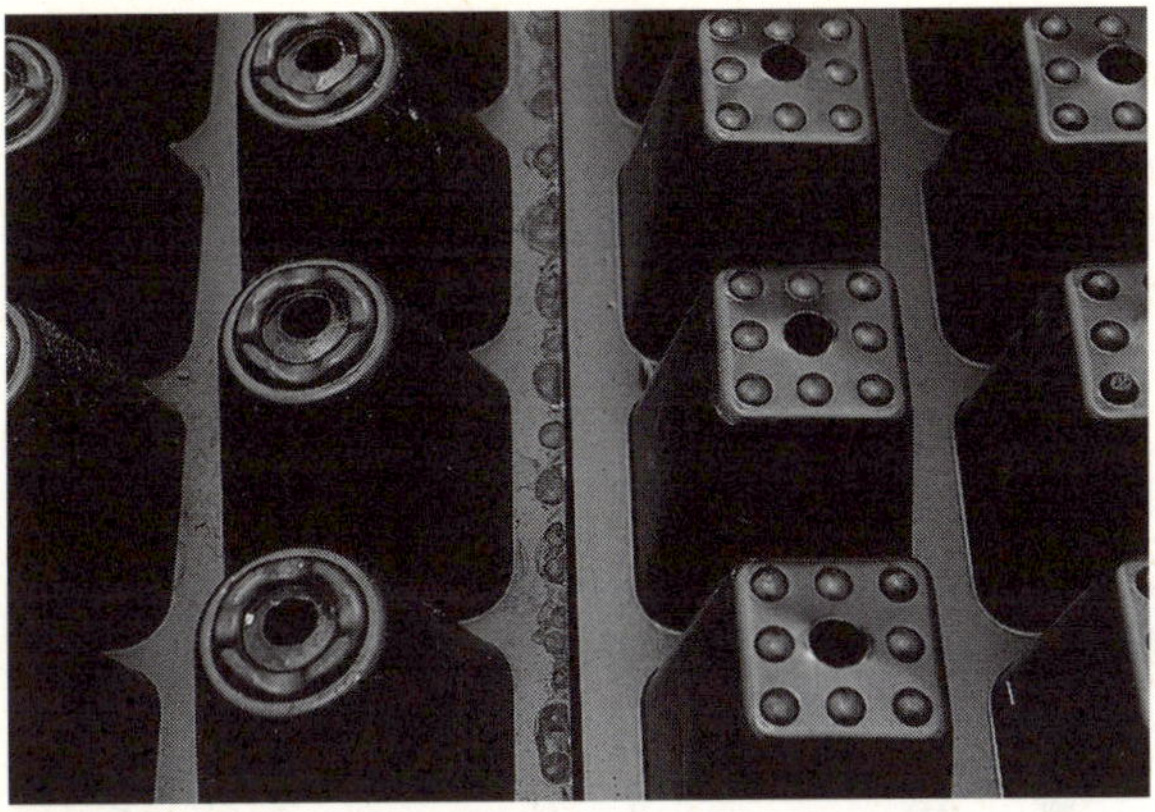

写真25　トレイは，底が丸くだいぶ狭くなったもの（左）より，やや広い角型のもの（右）がよい

(3)　トレイは五五穴でブロック底があまり細くないものを

前述したように確実に花芽分化した苗にするには、五五穴トレイで四〜四・五葉まで育てる必要がある。五五穴トレイでもブロックの底が広いもののほうがよい。ブロックの底が狭く細くなっていて、定植時に抜きやすいトレイも市販されているが、ダイレクトセル苗は、しっかりと根鉢になった熟苗にする必要がある。底が細くなっているトレイで熟苗にすると、逆に狭い底でトグロを巻き抜き、根も老化しやい。トグロ根苗を定植すると活着が悪い。根鉢のトグロを巻いたまま先端が伸びるため、根が肥大するとトグロがからまった部分が締めつけられるようになり、養水分の地上部への移行を阻害してしまう。

底と上面がまったく同じ面積のトレイもあるが、これは片づけて保管するときかさばってしまうのでやっかいだ。私は上面と底があまり変わらない三菱の五五穴トレイを使っている。このほうが多少用土は多く必要となるが、熟苗にしてもあまりトグロ根にならず茎葉の生育も良い。

また、銅化合物でできたスピンアウト（根域制限剤）を塗布したスピンアウトトレイは、根がブロックの壁面まで伸びると生長がストップし、新たな側根や細根が出て、まったく根巻きしない。しかし、ダイレクトセル苗は根鉢にして若苗強勢を弱め、根数を多くするよりも太いスタミナの強い根を育苗期に伸ばしたい。細い根ばかりが多いと定植後かえって暴れる危険もある。そんなことからスピンアウトトレイは一度試してみたが、トマトの育苗には向いていないと判断し、導入はしなかった。スピンアウトは臭いもきつく、塗布するとトレイの寿命も短くなる。

(4) ポット苗より一〇日早く播種し着花節位上昇をカバー

夜温の高い抑制栽培はどうしても着果節位が上がる

前述したようにトマトの花芽分化、とくに第一花房の着果節位に影響を及ぼすのは、肥料（窒素・リン酸）や日照のほかに、温度がある。温度が高いと、とくに夜温が高いと花芽分化が遅れ着花節位が上がりやすい。

そのためポット苗でも春先の低温下で育苗する春トマトは着果節位が低くなり、一花房の着花数も多くなる。春トマトは着蕾が確認できたら早めに定植し若苗強勢を活かさないと、木や根張りが十分にできないうちに開花・肥大してしまうので、成り疲れでスタミナ不足になりやすい。だから、着花節位が上がりやすく、若苗強勢でスタミナが強くなるダイレクト苗は、春トマトにはもっとも適している。

ところが、六月下旬の高温下の育苗となる抑制栽培では、どうしても第一花房の着花節位は一一節以上に上がりやすい。平成九年、収穫を分散するために六月二十三日と一週間後の六月三十日にトレイに播種した。ところが、六月二十三日の株は第一花房の着花節位が一三節のものが多くなり、六月三十日の株は九節、一一節のものが多くなったため、同時の開花・出荷となってしまった。その原因は、七月十日から十四日まで低温の曇雨天が続いたからだ。六月三十日播種したものは、ちょうどこの時期に花芽分化の可能な一・五〜二葉期であったため、着花節位が下がったと考えられる。

年によって一・五〜二葉期の天候が違うため、第一段花房の着花節位は変動する。ダイレクトセル苗は、ポット苗と比べて育苗期間は五日ほど短いが、葉齢は二枚ほど違い、同時に播種すると、着花節位が同じでも五日前後収穫が遅れる。着花節位が二節上がると、七〜一〇日くらい遅れてしまう。着花節間もやや長くなるので、ちょうど一段分とんでしまったようになることが多い。早く出荷すれば単価が高くなるとはかぎらないが、収穫開始が遅くなると収穫期間、収穫段数が少なくなり収量もそれだけ望めなくなる。

夜温を下げあえて着花節位を下げるより、一〇日早く播種

試験結果では、夜温が一七℃以下に下がれば、着花節位は下がるといわれている。夜冷育苗で効果を上げている事例もあるが冷房施設がないと不可能だ。一度、木陰で育苗すれば温度が下がると思いやってみたが、日照不足になったためか逆に着花節位が上がってしまった。

私は、通風の良い場所にトレイを並べたり、育苗ハウスの屋根の上に遮光率三〇～四〇％の遮光ネットを掛けたり、通路に夕方散水するなどの対策を講じているが、その効果は確実ではない。

着果節位が上昇するのは体内の栄養状態が花芽分化の体制になっていないからであり、トマト自身が体力と相談して花芽分化の開始を決めているといえる。だから、無理に育苗時に夜温を下げ早く花芽を分化させても、暑い圃場で十分に根を張る前に早く着果すると、スタミナ切れになる心配もある。ダイレクトセル苗で無理に着花節位を下げても、後半にスタミナ切れになるようでは、ダイレクトセル苗の若苗強勢を活かせず元も子もなくなる。

できるだけ夜温を下げる対策は必要だが、着果節位が上がっても早く播種すれば、収穫開始を早めることができる。収穫段数は生育期間によって決まるので、早くまき、早く定植すれば、収穫期間は同じになり収穫段数、収量は変わらなくなる。

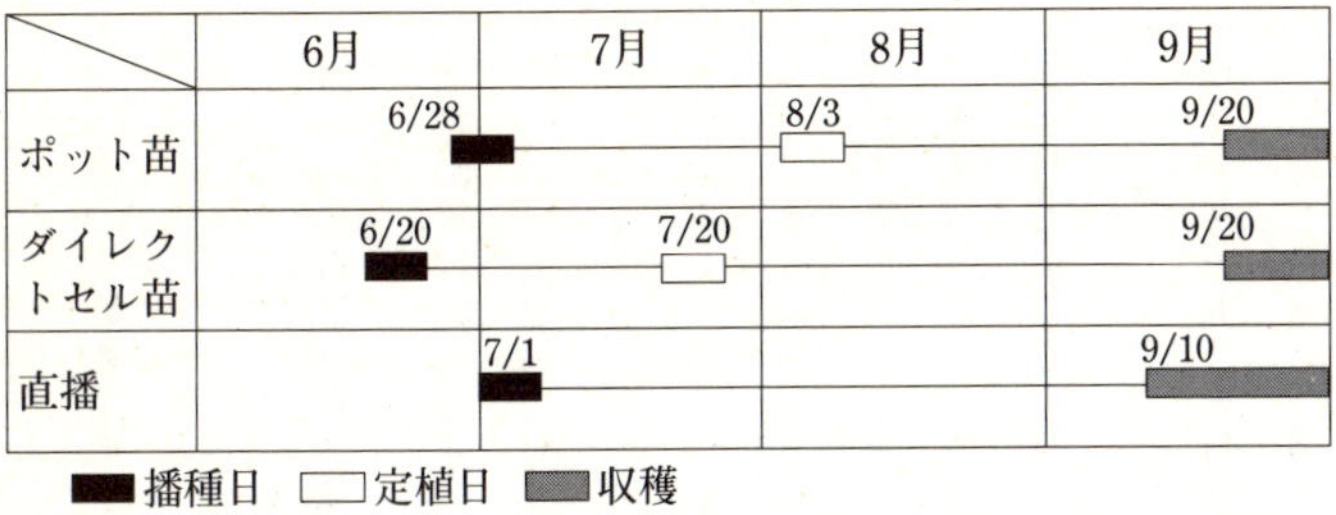

図8　ポット苗，ダイレクトセル苗，直播の播種・定植・収穫開始月予測

さらに、着果節位が上がると、定植後から第一花房の開花・結実・肥大開始までの期間が長くなる。この期間は「しおれ活着・止水」管理で、スタミナ源となる太い直根を伸ばす期間だ。この期間が長くなれば、ダイレクトセル苗の長所である若苗強勢によるスタミナの強さをいっそう活かすことができ、後期収量が増大する。

私は収穫開始が一〇日ほど遅れる分、ポット苗の時代より一〇日ほど早く播種している。ポット苗時代は六月二十八日から七月一日に播種し八月三日から六日に定植していたが、ダイレクトセル苗になってからは、六月二十日から二十五日に播種し、七月二十日から二十五日に定植するようにしている。

2、ダイレクトセル苗の育苗

(1) 培養土詰めと灌水

播種前日に詰め灌水

均一にいっせいに発芽させ、バラつきなく育てるには、各穴に培養土を均一に詰めること、培養土をムラなく十分に湿らせることが重要である。培養土が少なく底にすき間ができたり、灌水後沈んで根域が小さくなってしまうと、乾きやすくまた肥料分も少なくなり、生育が停滞しそろわなくなってしまう。とくにトレイの四隅は十分に詰めにくいので注意が必要だ。また、セル苗用の培養土は排水を良くするために、ピートモスやバーミキュライトなどが多く配合されているため、水になじみにくい。播種当日の灌水では均一にブロック内全体が湿りにくいので、前日に詰めて灌水し十分に湿らせなじませておくことがコツだ。なお、購入した培養土には肥料が混入されているので、肥料を混入する必要はない。

発芽ムラが生じるのは、この水分ムラが原因のことが多い。私は前日に水稲の育苗箱にトレイを入れて培養土を詰めた後、トレイの底穴から水が出る程度にかける。かけた後、トレイを持ち上げて、育苗箱にどのブロックからも水が出て点々と濡れていることを確認する。灌水後、培養土が十分に詰まっていなかったブロックは、培養土が沈むので補充する。前日に十分に灌水しておけば、播種当日は立枯病予防の水溶液をかけるだけで灌水は必要ない。トマトの種子はウリ科の種子と違い、排水の良い培養土なら灌水しすぎても発芽が悪くなることは少ない。

中抜き板を使い、培養土も中抜き

私は五五穴トレイ（五列×一一穴）を育苗箱に入れ、そして五列の中央一列に写真26にあるようなベニヤ板などでつくった両端に固定突起のついたフタ（幅五センチ、長さ六〇センチ）を被せてから、その上に培養土を袋からあけて、手でならすようにして詰める。中抜きで育苗するので、中列は培養土は必要なく、入れると乾きにくくなって病気の原因になる。中列にガムテープを張って中抜きする方法もあるが、あとで剥いで片づける手間がよけいにかかる。

その後、左官用の馬の毛のハケでならすようにして平らに仕上げる。板などでならすよりも早く、また若干穴縁よりも低くなるので、灌水時のウオータースペースができ、ムラなく十分に灌水できる。

発芽までは床にビニールを敷き、べた置き

トレイを並べる育苗床は、できるだけハウスの通風の良いところを選び、古ビニールなどでマルチ

①ベッドに古ビニールを敷き穴をあけ，水稲の育苗箱に入れた55穴トレイをすきまなく並べ，中抜きフタを設置

②培養土をトレイにあけて板でならす

③左官用の馬の毛のハケでならす

④中抜きフタをとる

⑤十分に灌水する（奥は試験用に中抜きしなかったトレイ）

⑥ブロックの底穴から水が出たことを確認

写真26　播種前日の培養土詰めと灌水

をし、フォークなどで排水穴を開けて、幅一五〇センチのベッドをつくる。培養土を詰めたトレイは、水稲育苗箱に入れたまま、横二列にすきまなくべた置きする。発芽がそろうまでは、ブロック内の培養土が乾燥しないようにべた置きし、一・五～二葉期の一回目のズラシのときに、タルキなどの上に置き上げする。最初から置き上げすると培養土が乾き、発芽揃いが悪くなる。

(2) 播　種

二粒まきになったら間引けばよい

ポット苗のように育苗箱に条まきするときと比べ、セルトレイ苗はブロックに一粒ずつ播種するので、播種が面倒だ。指で深さ四～五ミリの播種穴をあけ、指で種子をつかみていねいに一粒ずつまこうとしても二粒落ちることもある。これを取って一粒にしようとすると指先が濡れ、次にまくときに種子がくっついてさらにまきにくくなる。二粒まきになってもあとで間引けばかまわない。苗をそろえるためにも、間引くくらいのほうがよい。

トマトもコーテング種子が出回ってきたが、播種の作業性は良いがどうも発芽揃いが悪いようだ。高いコーテング種子を使うより、少々よけいにまいて間引いたほうがそろった良い苗ができる。間引いた苗を新たにトレイに移植し補植用にすれば無駄にならない。

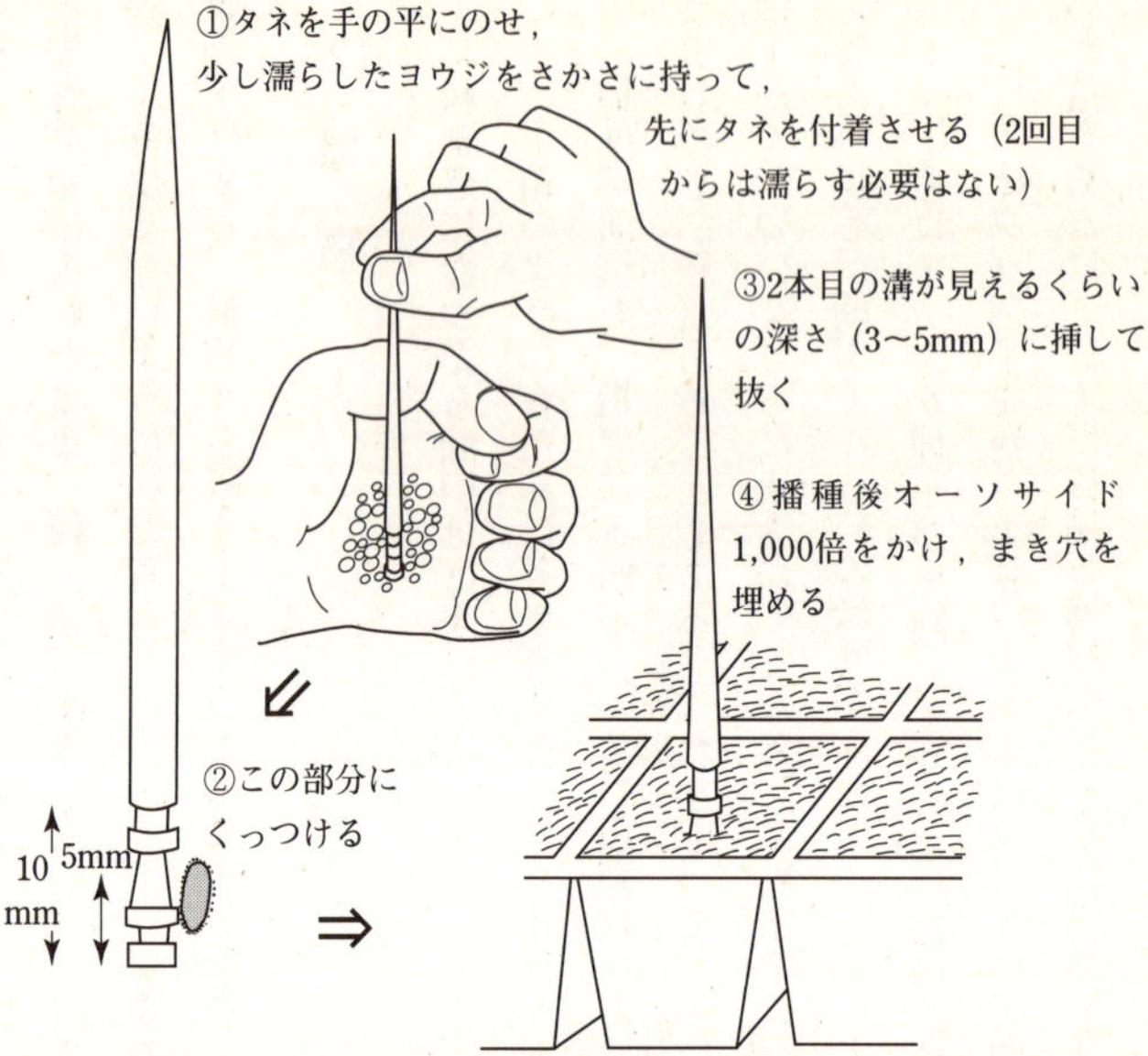
①タネを手の平にのせ，
少し濡らしたヨウジをさかさに持って，
先にタネを付着させる（2回目
からは濡らす必要はない）
③2本目の溝が見えるくらい
の深さ（3〜5mm）に挿して
抜く
④播種後オーソサイド
1,000倍をかけ，まき穴を
埋める
②この部分に
くっつける
10
mm
5mm

図9　トレイへのヨウジまき

手まきよりも「ヨウジまき」がおすすめ

最近知人から教えていただいた方法だが、ヨウジでまくとセルトレイに確実に効率よくまけることがわかった。ヨウジの二つ溝のついた頭を少し濡らして尖った部分を右手に持ち、左手の手のひらに種子をのせ、ヨウジの頭を種子につけると、頭の先端に一粒ずつくっついてくる。そして、播種穴を開けずに、ヨウジをブロックに二つの溝の中間くらいまで、約三〜五ミリくらいまで、ごく浅く突き挿して抜くと、種子は培養土の中に入る。この方法だと容易に一粒まきができる。二回目からは培養土の水分がつくので、ヨウジを濡らさなくともよく、連続して播種できる。

ポイントは深く挿さないこと。二本目の溝が見えることを目安にして深挿しにならないようにする。軽いのでどうしても深挿しになりやすいが、深挿しすると発芽が大変悪くなる。

また、手まきの場合は覆土もていねいにする必要があるが、ヨウジまきの場合は、ごく軽くサラサラとまき、立枯病予防のオーソサイド一〇〇〇倍液を、並べたトレイ一平方メートル当たり二リットル灌水すれば、自然に挿した穴が埋まり覆土ができる。

発芽揃いまではラブシートを被せて乾燥を防ぐ

播種したら発芽するまで培養土が乾かないように新聞紙を一枚被せる。しかし、新聞紙だと遮光率が高いので、少し発芽し始めたら除去しないと徒長するなど、とるタイミングが難しい。発芽揃いが悪いとタイミングがつかみにくく、また、遅れて除去すると白化現象を起こす危険もある。また発芽前に乾いたときは、新聞紙をいったんとってから灌水しなくてはならない。

平成十二年からは新聞紙の代わりに白いラブシートを被せている。ラブシートを幅一五〇センチのベッド全体に掛けるだけでよいので作業も楽で、乾いたと思ったらラブシートの上から灌水できる。さらに、空気や弱光線が入るので、発芽がそろうまで掛けておいても発芽した葉は緑化し、白化現象が起こる心配がない。

(3) 発芽後からは置き上げし節水栽培

新聞紙は早朝一芽でも発芽したら除去

トマトは地温二五℃くらいで管理すると普通一週間くらいで発芽してくるが、抑制栽培では育苗期が高温になるので約五日後には発芽してくる。植物は一般に夜間に伸びるので、早朝に発芽始めを確認することが多い。新聞紙は早朝一〜二芽が見えたら、その日のうちになるべく夕方に除去する。翌朝まで待っているといっせいに発芽してしまい、徒長苗（ころび苗）になってしまう。そしてそうってから除去すると白化現象が起こりやすい。とくに日中に遅れて除去すると危険だ。健苗の第一の目安は、子葉までの胚軸が太く短いこと。新聞紙除去が遅れると、発芽直後に光不足でしかも湿度が高くなるので、この胚軸が伸びてしまう。前述したようにラブシートなら、その心配がないので発芽がそろったら、除去する。

発芽後にタルキの上に置き上げ

発芽するまでは培養土が乾かないようビニールマルチの上にべた置きしてきたが、発芽後からはできるだけ排水を良くし、培養土が過湿にならないようにトレイをタルキなどの上に「置き上げ」し、底を浮かせて底穴を空気にさらすようにする。べた置きのままだと根が底穴から伸び出したり、排水や通風が悪くなり徒長しバラつきがひどくなってしまう。排水穴から根が伸び出すと根鉢になりにくく、定植時に根が損傷する。

置き上げすると水はけや通風が良くなり、空気が底穴からもブロックに入るので根の活力が維持でき、発根も良くなる。ブロックの地温も下がるので花芽分化にも効果的だ。

底に敷くものはなんでもよいが、高くなるほど乾燥しやすくなり、乾燥ムラが起こり灌水が面倒になる。たとえば、高さ一メートルくらいに網目状の金網を張ったベンチ育苗がもっとも乾きやすく通風も良いが、高温下での育苗では、トレイのまわりの部分がとくに乾きすぎてしおれるやすくなり、灌水が大変で生育ムラになりやすい。

私の経験では、抑制栽培の育苗では写真28のように、六センチ角のタルキか、径三センチくらいのパイプ程度の置き上げが適しているようだ。水稲の育苗箱を裏返して、その上に水稲育苗箱に入れたトレイごと置く方法でもよい。

私は、幅一五〇センチのベッドに、タルキを三〇センチ間隔で四列に並べ、その上にトレイを横に二列に並べる。一〇アール当たり必要な箱数は五〇箱（中抜きしているので一箱四四株、予備苗を含め二二〇〇株）であるが、育苗後半の二回目のズラシスペースを含めても一〇メートルのベッドですむ。

写真27　発芽がそろったらラブシートを除去

写真28②　水稲育苗箱を逆さにした上に置き上げ

写真28①　6cm角のタルキの上に置き上げ

それぞれの置き上げ法には一長一短があり、育苗時期のハウスの温度、湿度、通風、培養土の排水性などの条件を考えて選ぶ。なお、電熱温床で育苗する春トマトでは、加温しなくてはならないので、最後まで置き上げはしない。

発芽後からは水をひかえ、徒長防止

発芽がそろうまでは培養土を乾かさないことが重要で、乾いたときは朝方によく灌水する。しかし、発芽がそろってからは、水分が多いと徒長するので、節水管理に移行する。ただし、あまり節水して「締めつくり」はせず、ポット苗と同様に「のびのび苗」に育てたい。

灌水は原則的に、その日の天候をみて、一日一回、午前中に行なう。夕方にかけると夜間に徒長しやすくなる。午前中にかけ、夕方には乾くくらいがよい。三時以降ならしおれても灌水しない。少しくらいのしおれなら、夕方から夜に気温が下がり湿度が戻ってくればピンと元気になってくる。このとき我慢ができずに夕方灌水すると、軟弱徒長する。翌日の天候が曇雨天ともなれば、なおさら徒長する。また、病気の発生も多くなる。

しおれが戻らないほどのときは、ヤカンなどでしおれた株のみ、部分的に灌水する。また、一トレイでみると周囲の列が乾きやすいので注意する。

この節水管理は定植間際まで続けていくが、葉数が増すほど蒸散量が多くなり、乾きやすくなる。

写真29　午後 3〜4 時にこのくらいしおれていても我慢。夜 9 時ころにはピンとなる

午後早くに乾いてしまい、三時前からしおれ始めるときは、夕方、葉水程度に軽く灌水し、翌朝、晴天なら午前中にたっぷり灌水する。

節水管理をすると、葉色は濃くなり葉肉は厚くなり、地際の茎が太く少し紫色（アントシアン）で、茎に白い毛がはっきり見えるようになる。あまりアントシアンが濃く葉にまで出てきて硬い苗になるのはよくないが、灌水しすぎてひょろひょろと徒長し、まったくアントシアンが胚軸に出ないようでもいけない。

できるだけ夜温を下げて花芽分化促進

発芽後からは、徒長を防ぎ、花芽分化を促進するためにできるだけ温度、とくに夜温を下げたい。通風も良くしたい。しかし、六月下旬からの育苗となる抑制栽培では、ウイルス系の病気を予防するために、ハウスのサイドは寒冷紗などを張ってアブラムシやスリップスの侵入を防ぐ必要があるので、ますます高温になりやすい。

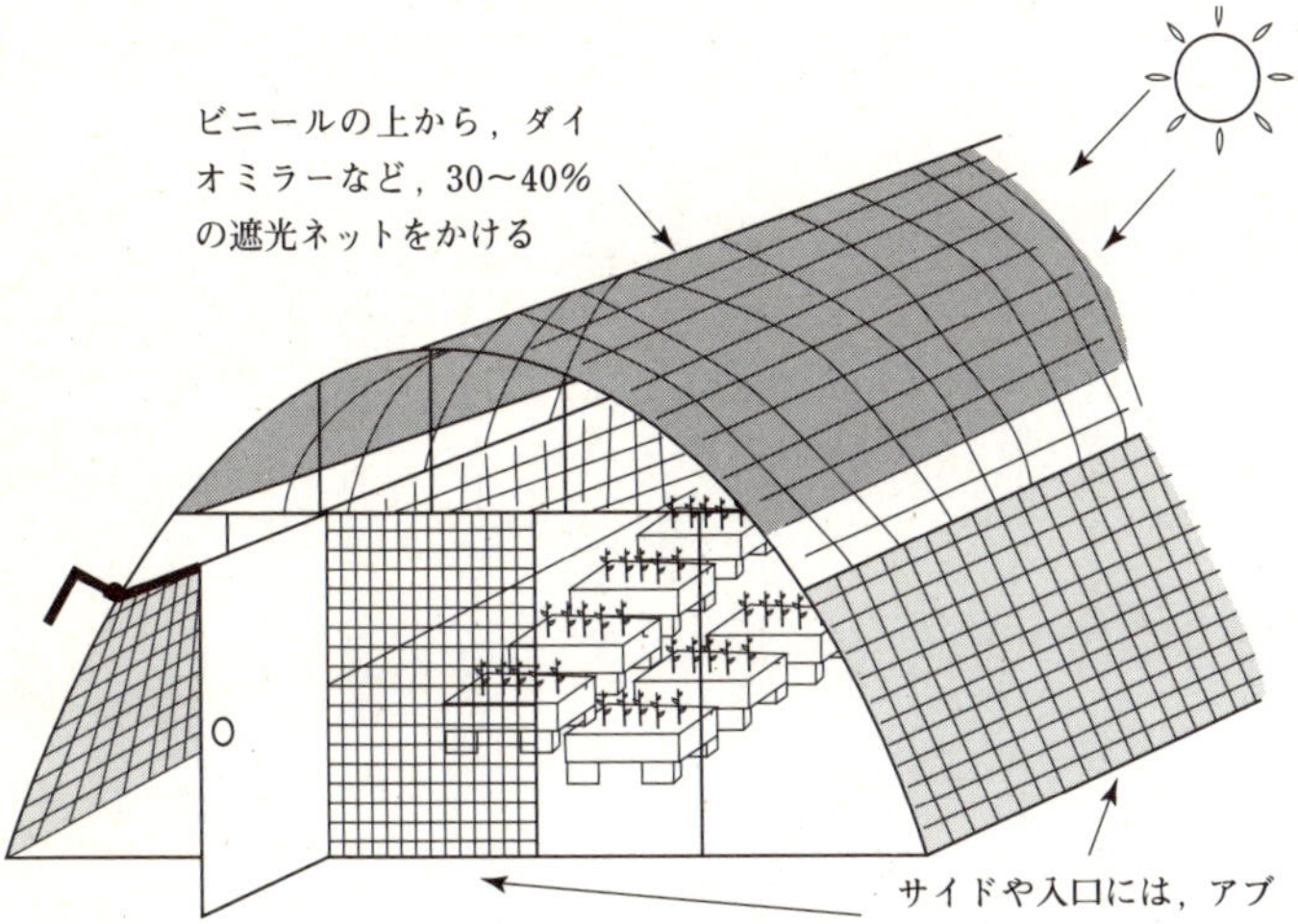
サイドや入口には，アブラムシの侵入防止に寒冷紗をかける

図10　温度をできるだけ下げる工夫

一・五〜二葉期に置き上げしトレイズラシをして、日当たりや通風を良くするが、育苗ハウスの屋根にはダイオミラーなどの遮光ネットを張って、日中の温度を下げる。しかし、これも遮光率が四〇%以上になると、日照不足になり徒長してしまう。そして夕方に置き上げしたベッドに散水したり、通路に水を流して夜温をできるだけ下げる工夫が有効だ。夜間だけでも扇風機を回すと有効だろう。

また、遮光して温度を下げようとしたところが、逆に上がってしまうことがあるので注意が必要だ。平成八年、六月下旬の晴天で無風状態のときであった。遮光してトマト苗床の温度を下げようとしたが、ハウス内が三五℃であったのに、遮光トンネル

（二一・七〇センチトンネルに寒冷紗）内が四〇℃以上に上がってしまった。びっくりしてトンネルを除去して危うく難をのがれたが、無風状態でハウス温度が三〇℃以上になったときは、この高温時の逆転現象がどうも現われるように思われる。

育苗ハウスの温度を下げるには、遮光ネットをハウスの天井でなく、屋根のビニールに被せるようにかける。天井に内張りしても遮光はできるが、温度は下がらない。

(4) 二回に分けてトレイズラシ

花芽分化期の一・五〜二葉期に一回目のズラシ

中抜き五五穴トレイに播種すると、ポット育苗に比べて初期生育のスピードが若干遅くなるが、発芽後五日には本葉第一葉が出始め、一〇日後くらいには第二葉が出始めて二列同士の葉が重なり合ってくる。このころに徒長しないよう日当たり、通風を良くするために、置き上げにし一回目のトレイズラシを行なう。

発芽後の置き上げ時にはトレイとトレイはすきまなく並べている。この一回目のズラシでトレイとトレイの間隔が一〇センチくらいになるように広げる。ちょうど中抜きした二列ずつが等間隔になるようにずらす。

このころから、第一花房の花芽が分化し始める。トマトは前述したように、夜温が高すぎたり、日

写真30①　2葉期の1回目トレイズラシ

トレイ間隔10cm

写真30②　4葉期の2回目のトレイズラシ

トレイ間隔20cm

照不足、窒素不足になったりすると、花芽が分化せず、着果節位が上がってしまう。ズラシを行なうと通風、日当たりが良くなるので、徒長が抑えられ花芽分化も促進する効果がある。

このとき、一度に広げすぎると乾きすぎて生育ムラが生じたり、急に日照、通風が良くなってストレスを受けて生育が停滞してしまう。

二回目は四葉ころに二〇センチくらい広くずらす

一回目のズラシから一週間後くらいには、四葉が展葉し五葉が出始め、再び重なり合ってくるので、二回目のズラシを行なう。この二回目のズラシは、根鉢ができ休眠状態葉に入る前に行なう必要がある。四葉のころからは出葉速度が鈍ってきて、五葉が半分ほど出ると、草丈は多少伸びるがほとんどそれ以上葉が出なくなってくるからだ。そうなってからずらしても意味がない。

二回目のズラシは、トレイとトレイの間隔を二〇センチくらい広げ、二列に並べた列と列も二〇センチくらい間隔をあけて、日当たりや通風を良くする。ポット苗のズラシでも、早めに広くずらしてより日当たりを良くすればよいというわけではない。急激にずらすとガッチリ苗にはなるが根が傷んだり生育が停滞し、伸び伸びした若々しい苗にならなくなる。できるだけ急激な環境変化にならなうようにすることが、「のびのび苗」をつくるコツである。

(5) 根鉢熟苗育苗と液肥追肥

根鉢形成からさらに二〜三日間おいて熟苗に

四葉から出葉が鈍ってくるのは、根が穴にいっぱいになり新しい根の伸びる余地がなくなり、根が老化し始めるからだ。六月下旬播種の抑制栽培の場合、七二穴トレイでは本葉二・五葉くらいになる二五日くらいで新しい葉（三葉）が伸びなくなる。中抜き五五穴トレイでは、本葉四〜四・五になる二八日くらいで五葉目が伸びなくなる。三・五号ポットでも六〜六・五葉くらいになる三三〜三五日になると伸びなくなってくる。

「苗は適期に植えて老化させない」ことが原則になっているが、果菜類の若苗の場合は、異常茎や奇形果などの発生を防ぐためには、十分に根鉢をつくり、栄養生長と生殖生長のバランスをとって植える必要がある。

播種後二八日くらいに根鉢ができると、苗の胚軸をつかんで持ち上げると簡単に抜け、根鉢も崩れなくなる。一般にセル苗の定植適期はこの時期が目安になる（この前に定植すると、抜き取り時に根鉢が崩れ根が切れるため、活着が悪い）。しかし、私は定植後の栄養成長と生殖成長のバランスをとるために、この時期よりさらに二〜三日間多く、三〇日間くらい育苗する。

熟苗期間に液肥を施し、老化を防ぐ

ダイレクトセル苗は、ポット苗と比べると育苗期間は五日ほどしか違わないのに、葉数が二枚も違う。これは前述したように四葉ころから出葉速度が急激に低下し、四・五葉になるとまるで休眠状態のようになり、葉も根も伸びなくなるからだ。根が伸びなくなると根の養水分吸収の力が弱くなるので、葉色もやや落ちてくる。根の肥料吸収も鈍ってくるので、アントシアンの紫色が濃くなってくる。

窒素吸収が低下するとトマトは花芽の分化・発達が障害を受ける。若苗といえども老化した苗では活着も悪くなる。このような障害を回避するには、葉色が低下し始める前に、液肥を葉の上からかけ追肥してやる。葉色がはっきり淡くなってしまってからでは遅い。少なくとも子葉が黄色くなって枯死しないようにする。

果菜類専用培養土を使えば、一リットル当たり窒素が二〇〇ミリ含まれているため、熟苗期間でも

写真31　4葉が展葉し5葉が伸びなくなり，根鉢もよくでき，葉色も淡くなった定植適期の熟苗

葉色が淡くなることは少ないので、私はあまり液肥追肥に頼ることはしない。しかしこのような兆候が見えたときは、早めにヨーヒK22（日液化学）か、メリット青（エーザイ生科研）の一〇〇〇～一五〇〇倍液を、灌水を兼ねて早朝に葉の上から如雨露で、一平方メートル当たり二リットル程度を葉面散布する。

ヨーヒK22には、有機酸やアミノ酸が入っており、窒素・リン酸・カリのほかにホウソ、鉄、銅、亜鉛などの微量要素が含まれている。異常茎はホウソ欠乏ともいわれているので、異常茎の発生も抑制する効果が期待できる。メリット青にも同様の成分が含まれており、これらを四葉ころから二～三日おきに二回かけてやると効果的だ。アミノ酸や有機酸は葉面からも吸収されるので、弱った根の力をカバーできる。

また、液肥の代わりに緩効性被覆肥料のマイクロロング（七〇日タイプ）を、一トレイ（四四穴）に一〇～一五グラムくらい追肥してもよい。

ダイレクトセル苗はもともと若苗で活力があるので、多少定植が遅れても老化しにくい。ポット苗で根鉢熟苗育苗をすると、根の老化が避けられずついた花蕾も落ちてしまうことがあるが、ダイレクトセル苗なら、液肥の葉面散布など根鉢熟苗育苗をすると、育苗期間を四〇日くらいに延長しても心配ない。休眠状態のままで根も葉も老化せず維持でき、活着もそれほど悪くならない。作業の都合などで定植作業が遅れても心配がなく、ポット苗以上に定植適期期間が長くなる。これもダイレクトセル苗の長所だ。

(6)　ダイレクトセル苗の合わせ接ぎ木法

接ぎ木で土壌病害を防ぎ、直根・スタミナ型の生育に

トマトは果菜類のなかでも比べて病害虫が一番多い。独特の臭気をもっているにもかかわらず寄生する害虫が多く、とくに舶来の害虫は一番早く寄生する。それに伴ってウイルスも侵入してくる。青枯病、萎凋病レース1、2（J1、J2）、萎凋病レース3（J3）、褐色根腐病（コルキールート）などは発生すると農薬では防除できない致命的な病気であり、現時点では抵抗性品種をつくるか接ぎ木に頼らざるをえない。

以前は接ぎ木すると品質が極端に落ちるといわれていたが、現在は台木の品種改良が進み、自根苗よりも玉質が硬く大玉になり品質も劣らない。一般に台木品種は、直根型で草勢が強いものが多いので、接ぎ木苗は自根のダイレクトセル苗よりも後半までスタミナがあり高品質多収となる。土壌に青

枯病や褐色根腐病など土壌病害の心配がなくとも、接ぎ木苗を導入する意味がある。長年連作しているハウスや草勢のつきにくい圃場では、接ぎ木栽培はかなりのメリットがあると思う。

ダイレクトセル苗なら直接接ぎ木が可能

ところが、一二〇穴、二〇〇穴トレイ苗ではポットに二次育苗しないかぎり接ぎ木苗は不可能である。台木も穂木も本葉二～三葉まで育てないと、接ぎ木ができないからだ。その点、四～五葉まで育苗できるダイレクトセル苗なら、台木を移植せずに接ぎ木苗ができる。ただし、育苗期間も台木の播種から四〇日前後（抑制栽培の場合）と一〇日間くらい自根育苗より長くなるので、早めに播種する必要がある。

台木の選択

台木選択の際にはまず、表4のように穂木のTMV（タバコモザイクウイルス）抵抗性因子と同じ系統の台木を選ぶ。間違うと前半はよくても後半になって不親和を起こし枯れてしまう。Tｍ―2系の穂木にはTｍ―2系の台木を、Tｍ―1系の穂木にはTｍ―1系の台木を選ぶ。元祖「桃太郎」や「甘太郎Jr.」などはTｍ―1系だが、現在の「ハウス桃太郎」「桃太郎8」「メリーロード」など多くの品種は、ほとんどがTｍ―2系なので、台木もTM―2系が多くなっている。また、表4に示した

郵便はがき

107-8668

おそれいりますが切手をはってお出し下さい

東京都港区赤坂七丁目六の一

社団法人
農文協編集部 行

この本を何によって知りましたか（○印をつけて下さい）
1 広告を見て（新聞・雑誌名　　　　　　　　　　）
2 書評，新刊紹介（掲載紙誌名　　　　　　　　　　）
3 書店の店頭で　4 先生や知人のすすめ　5 図書目録
6 出版ダイジェストを見て　7その他（　　　　　　　）

お買い求めの書店
所在地　　　　書店名

このカードは読者と編集部を結ぶ資料として，今後の企画の参考にさせていただきます。

トマト　ダイレクトセル苗でつくりこなす　　No.

農文協図書　読者カード

氏名（フリガナ）

男　女

年令　才

住所　〒

（電話）

職業

農文協の図書についての御希望

この本についての御感想

今後の発行書についての御希望
（今後読みたいと思われる問題〈テーマ〉や著者など）

54000119

ような台木の各病気に対する抵抗性の有無を確認し選択する。

次に、台木品種は一般に草勢が強いものが多いが、穂木と草勢バランスが良い台木を選ぶことが大切だ。強いものには比較的強いものを、弱いものには比較的弱いものを選ぶ。私は「ハウス桃太郎」の台木に、「マグネット」(サカタ)、「S三〇二」(サカタ)、「ベスパ」(タキイ)、「影武者」(タキイ)などを青枯病がよく発生するウネの苗に使ってみたが、高温年であったがいずれも発生せず好結果であった。

表4　トマトの土壌病害に対する抵抗性台木

台木の品種		青枯病	萎凋病	ネマトーダ	TMV	半身萎凋病	褐色根腐病	根腐萎凋病J3
Tm-1型	ヘルパーM	○	○	○	○	○	×	×
Tm-2型	影武者	○	○	○	○	○	×	○
	ドクターK	×	○	○	○	○	○	○
	がんばる根	○	○	○	○	○	×	○
	新メイト	○	○	○	○	○	×	○
	マグネット	○	○	○	○	○	○	○
	ベスパ	○	○	○	○	○	×	○
	T161	○	○	○	○	○	×	○
	S302	○	○	○	○	○	×	○

○：抵抗性ないし耐病性のあるもの

「マグネット」は発芽揃いが良く、茎の太さがそろうので接ぎやすい。そして、節間が短くなり葉が丸葉気味になり、果実も大きく品質が良くなり、まるで「ハウス桃太郎」ではないような草姿になる。「ベスパー」は前半はおとなしいが後半は「影武者」より強くなりバランスが良かった。「S三〇二」もそれに近い生育を示した。

台木品種によって違うが、接ぎ木すると草勢が強くなりやすいので元肥をさらに一~二割くらい減らす。

接ぎ木後三〜四日は湿度を保ち三〇℃以下に

接ぎ木の方法は以前は呼び接ぎが多かったが、現在は接ぎ木資材のスーパーウイズを使った「合わせ接ぎ」、または「ピン挿し接ぎ」が一般的に行なわれている。これらは簡便で活着率が良いからだ。

しかし、いずれの方法も接ぎ木後三〜四日間、接合部が活着するまでは、湿度を高く保つこと、三〇℃以下に保つことがポイントである。とくにピン挿し接ぎは接合部が露出し乾きやすいので注意したい。乾いてしまうと活着せず、三〇℃以上になるとしおれたまま接合部が雑菌で腐敗し、折れてしまい活着しない。

低温期の接ぎ木苗育苗の場合は従来のハウス内で電熱温床で養生すればよいが、高温期の接ぎ木作業になる抑制栽培では、ハウス内では温度が上がりすぎて難しいので、納屋などの光がある程度入る室内で行なう。写真32②のように高湿度が保たれるように、ビニールで簡易養生室をつくり密閉し、接ぎ木後は乾かないように霧吹きや小型の噴霧機を使って高湿度を保つようにする。また、三〇℃以上になると活着が悪くなるので、光線の強い場合は遮光する。二〜三日はこの状態で密閉し、その後徐々に換気をし、五〜六日したらハウス内のベッドに持ち込み早めに外気に慣らしていく。

台木は五五穴トレイに、穂木は育苗箱か一二〇穴トレイに播種

台木は五五穴トレイに直播する。後半の中央部の徒長を防ぐには自根苗と同様に中抜き四四穴まきがよいがやや乾燥しやすい。接ぎ木後の湿度管理を考えて五五穴すべてにまく場合もあるが、その場合は接ぎ木後の後半に徒長しないように注意する。

合わせ接ぎをするには、穂木も台木も子葉部の胚軸の太さが二ミリ以上必要なので、本葉が二～三枚まで育てる。六月中下旬まきの抑制栽培では、台木は播種後一八～二〇日かかる。穂木はこれよりも三～四日多くかかる。

穂木は育苗箱にバラまきか条まきする。胚軸を太くそろえるには、バラまきなら一箱に一〇〇～二〇〇粒、すじまきの場合、条間六センチ、株間二～三センチくらいに薄くまく。もしくは一二〇穴トレイに一粒ずつまいてもよい。培養土や播種方法は自根苗と同様に行なう。

播種日は、接ぎ木作業日に台木と穂木の太さがそろうように調整する。台木の品種によって異なるが、普通は穂木を台木より三～四日早くまく。しかし生育がゆっくりした台木品種は、同時にまいたほうがよい。いずれも穂木の播種から定植までは四〇日近くかかるので、自根苗より一〇日くらい早めにまく。

合わせ接ぎの手順

合わせ接ぎは、縦に切れ目のある透明の管の「スパーウイズ」や取っ手のない「スーパーパートナー」で接合部を固定する。取っ手がなくとも支障がないので、最近では安価なスーパーパートナーを使っている。

①まず台木は抜かずにカミソリなどで子葉の上で二五～三〇度の角度で切る。台木も穂木も子葉をつけて接ぎ木したほうが、子葉に残っている養分が使えるのでその後の生育が良い。しかし、穂木と台木の太さをそろえることが第一なので、穂木が細い場合は、台木は子葉の上で、穂木は子葉の下で切るほかない。なお、ピン挿しの場合は四五度と切断面を広くする。

②穂木を子葉の下で同じく二五～三〇度の角度で切る

同様に穂木と台木の太さ、角度が同じになるように切る。

③台木（または穂木）にチューブを挿す

まず台木（または穂木）の切断部に、チューブを半分まで挿し込んで被せる。

④穂木（または台木）を台木の切断部と密着するようにチューブに挿す

チューブは透明なのでよく見て、切り口の角度に合わせて、穂木をチューブに挿し込み、切り口面をぴったりと密着させて固定する。

⑤簡易養生室に入れ小型噴霧機で湿度を上げ、二～三日は遮光し密閉

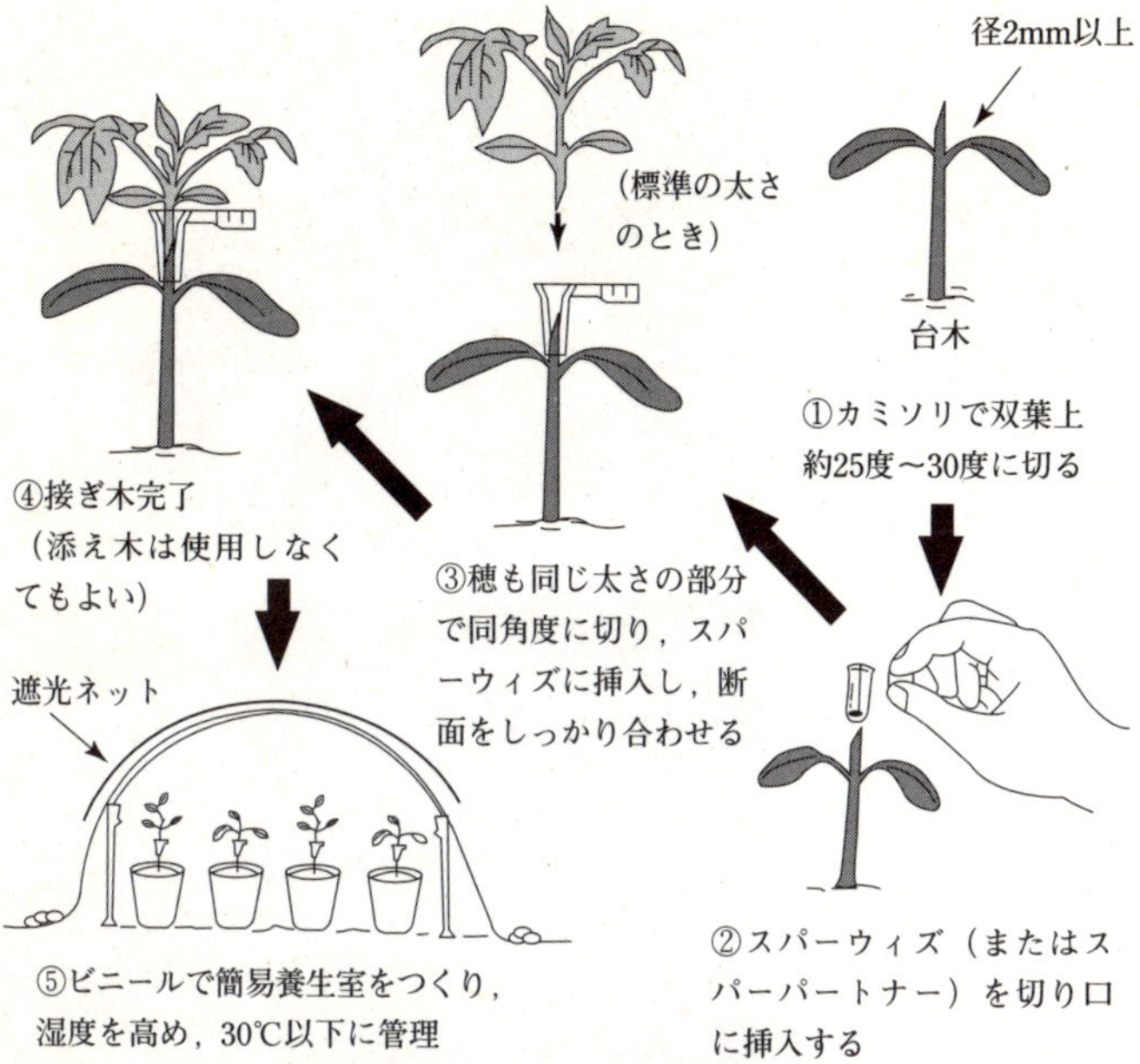
径2mm以上
台木
①カミソリで双葉上
約25度～30度に切る
②スパーウィズ（またはスパーパートナー）を切り口に挿入する
（標準の太さのとき）
③穂も同じ太さの部分で同角度に切り，スパーウィズに挿入し，断面をしっかり合わせる
④接ぎ木完了
（添え木は使用しなくてもよい）
遮光ネット
⑤ビニールで簡易養生室をつくり，湿度を高め，30℃以下に管理

図11　合わせ接ぎの手順

接ぎ終わったら、トレイを簡易養生室に入れ、霧吹き器か小型噴霧機で霧を噴霧して湿度を上げ、二～三日は密閉する。風が吹き込むと湿度が下がり乾くので、必ず密閉する。三〇℃以上にならないように管理する（ハウスで養生する場合は遮光率六〇％くらいに遮光）。

また、この間は湿度が高く遮光もしているので、ほとんど灌水する必要がない。灌水すると台木から水分が上がりすぎて活着が逆に悪くなる。

⑥四日目から徐々に日中はビニールをとり換気する

いつまでも湿度が高いと腐りやすいので、四日目には夜間はビニール

①台木をトレイから抜かずに25～30度の角度で切りスーパーウイズを被せ，同様に切った穂木を断面をピタリと合わせて挿す

②直射日光の当たらない納屋などに簡易養生室をつくり，霧吹きなどで湿度を高め，30℃以上にならないようにして5～6日養生

③活着し新葉（3葉）が伸び始めた接木苗

左：台木・穂木とも双葉をつけた苗　中：穂木のみ双葉をつけた苗　右：台木のみ双葉をつけた苗

写真32　スーパーウイズによる合わせ接ぎ

をとって換気する。

⑦五日目は日中も換気し、六日目にハウスに移動

日中換気するとしおれるが、しおれさせながら完全に活着させたほうがよい。ハウスに移動したらしばらくは日中は遮光してやるが、早めに外気や光に慣らしていく。

⑧活着後は、自根苗と同様に管理

日中も穂木がしおれず生長点が伸びてくると完全に活着するので、自根と同様に管理する。ハウスに出してからおよそ一〇～一五日で四・五葉になり、根鉢ができて簡単に抜けるようになり、定植適期となる。

定植後の管理法は、自根のダイレクトセル苗より元肥を一～二割減らすほかは、同じように行なう。接合部を固定するチューブは茎が太くなると、切れ目が広がり自然に外れる。

断根挿し合わせ接木法なら活着率が高い

合わせ接ぎは、接合部が乾くと活着しないので湿度を高める必要があるが、台木が水分を吸いすぎて穂木がしおれないようでも活着が悪い。台木の吸水力が強いと、接合部が過湿になって雑菌が入ったり、穂木がしおれず癒着させる体制になりにくいからだ。

そこで、私は平成十二年に断根挿し合わせ接木法を試してみた。断根接木挿しは私と同じ山武郡山

武町の槍木正敬氏が開発された技術で、いまでは全国のスイカ農家に導入されている。断根後に活力の強い根が多く出るので、圃場での活着が良く、いままで以上に草勢が強くなる。私が思いついたのは、根を切れば台木の吸水力が落ちて接合部の過湿が防げ、穂木が適度にしおれて活着しやすくなると思ったからである。

結果は予想通りで、活着率が高くなった。また、台木を地際から切って、台木を手にもって合わせ接木し、そのままセルトレイに挿せるので作業もしやすくなった。また、断根挿木苗は草勢が強くなりすぎて異常茎になりやすいのではないかと心配したが、しっかりした熟苗にして定植するとあまり心配する必要もなかった。

(7) 加温育苗する作型でのダイレクトセル苗育苗

置き上げやズラシは広く必要ない

六～八月の気温の高い時期の育苗となる抑制・促成栽培のダイレクトセル苗育苗について述べてきたが、十二月から四月に加温して育苗する半促成、早熟（春トマト）、夏秋栽培の育苗について少し述べたい。

半促成は十二月から翌一月育苗となる。育苗床には電熱などでの加温育苗が必要になる。通常に電熱線を配置しベッドをつくり、水稲育苗箱に入れべた置きする。培養土、肥料は抑制と同様でよく、播種までの方法も抑制栽培に準じて行なう。発芽までは地温を二五～二六℃、発芽後二二～二三℃にし、それから徐々に下げていき、定植前は一五℃まで下げる。灌水もひかえてガッチリした草姿にする。

写真33　抑制メロン（アールスナイト）のダイレクトセル苗

低温期の育苗なので地上部も地下部の生育もゆっくり進む。育苗期間は三・五ポット育苗で約七〇日（八葉）、中抜き五五穴トレイのダイレクトセル苗で約六〇日（五葉）、七二穴トレイ苗でも約五〇日（四・五苗）かかる。ダイレクトセル苗でも五葉が完全に展葉し、花蕾が確認できるまで育苗できる。

徒長することなくゆっくり育つので、ズラシも二～三葉期に一〇センチあまりとれば、あとはする必要はない。また熟苗にもする必要がない。

ダイレクトセル苗は低温期の育苗にうってつけ

低温期の育苗は育苗期間が長くなるが、肥料は一リットルに窒素成分で二〇〇ミリ入った市販培養土なら最後まで問題がない。肥料が少ない培養土は、マイクロロングなどの被覆肥料を一トレイ当たり二〇グラムを限度に培養土に混合しておけばよい。

低温期の育苗なので花芽分化が進み、栄養生長と生殖生長とがバランス良く進むので、抑制のように根鉢熟苗育苗をする必要はない。簡単に根鉢が抜けるようになったら定植できる。春トマトのポット育苗では、品種によっては五節くらいに着蕾してしまい、樹のできないうちに果実の負担が大きくなって、後半の着果が悪くなることが少なくない。若苗強勢で着果節位が若干上がりやすいダイレクトセル苗は、着蕾が早くなりすぎる心配はないので、低温期の育苗にはもってこいである。

定植後も生育スピードが遅いので極端な多肥栽培でないかぎり、異常茎や奇形果の発生は少ない。しかし、ポット苗と比べると草勢が強くなるので、元肥はポット苗より一〜二割減らし、三段花房が開花するころから追肥・灌水を開始するか、もしくはロングなどの緩効性肥料主体の元肥としたほうが無難である。

メロンのダイレクトセル苗栽培は

私は今、メロンのダイレクトセル苗にも挑戦している。抑制メロンのダイレクトセル苗栽培は、後半の草勢も良く、玉伸びも糖度などの内容もポット苗に比べてはるかに良い。平成十一年からは全面的ににダイレクトセル苗に切り替え、われながら納得のいく収穫が実現できている。

ところがトマトとは逆に、春メロンでは、根鉢気味にして定植しているのだが、まだ定植後の草勢が強すぎて玉伸びが今ひとつ悪い。春メロンのダイレクトセル苗栽培はまだ研究の余地があるようだ。

3、圃場準備

(1) 土つくりの考え方

土つくりは育苗と同じく栽培のなくてはならぬ一行程

よく土つくりの話が出てくるが、私は土つくりは作業工程の一つと思っている。改めて「うんぬん」すること自体がおかしい、一つの作業として有機質資材を投入するのは当然である。われわれの世代が農業を始めたころは、麦をまくにしても野菜を植えるにしても必ず堆肥を入れて、それから化学肥料を入れ種を播いた。堆肥がなくなればその年は中止せざるをえなかったくらいで、堆肥は競って良いものをつくった。良い堆肥を使う者は良い作物をつくった。完熟堆肥の良いものは「ボロ」と呼んでいた。今のボカシ肥である。ボカシ肥は大昔から使われていた。昨今の流行ではない。

昔から有機質を使って腐植を増して、それに微生物を住み込ませて土壌改良をしてきた。腐植とは何ぞやとなるが、腐植とは土壌改良の源である。昔は道端の草も家庭のゴミも皆堆肥として還元して地力づくりに精を出した。有機質とは炭素である。燃えるものであって、いずれは土の中で消耗してしまう。毎年その消耗する分に上乗せして補給していかなければならない。そうしなければCECも下がり地力が維持できない。

だから、土つくりは栽培する以上、播種や定植と同じ一つの作業である。毎年忠実に行なっていればことさら云々はない。それが人に聞いた、本で見たからといって一度にたくさんの堆肥を入れると、かえって逆効果となる。とくに未熟な家畜糞尿など入れると障害が発生してしまう。土つくりは一朝一夕の仕事ではない。私は圃場を長年かかって床土化することだと思っている。それでも新しいハウスでも五年もすれば土は黒くなり団粒構造になってくる。

メロンへの溝施肥がトマトの土をつくる

私は、三十数年間、春はハウスメロン、夏から秋は抑制トマトの組合わせで連作してきた。それでも土壌病害などの連作障害で苦しんだことは一度もない。土はだんだん良くなり、かえって昔よりつくりやすくなった。それは、図12のように、三〇年間、一つの栽培作業として有機質を深層まで入れ続けてきたからだろう。

トマトのぶっ倒しが終わり一段落する二月上旬に、メロンのベッドの下に毎年少しずつ位置を変えて、トレンチャーで六〇～七〇センチの深さの溝を掘る。そして五〇センチくらいに埋め戻した後、前年の半熟なワラを長いまま一〇アール当たり一・五トン（二～三反分）入れる。そして除塩を兼ねて三～五時間頭上灌水して全体をたっぷり湿らせる。一～二日後に土が落ち着いてきたら、普通化成三〇キロ、モミガラ完熟堆肥二トン、油かす一二〇キロ、過リン酸石灰二〇〇～四〇〇キロ、苦土石灰一〇〇キロを全面にまいて、トラクターでバック耕うんして埋め戻して全面耕うんし、ベッドをつくる。溝施肥したワラは、地下水位が低い冬から早春に燃えて（腐熟して）、地温を上げてくれる。

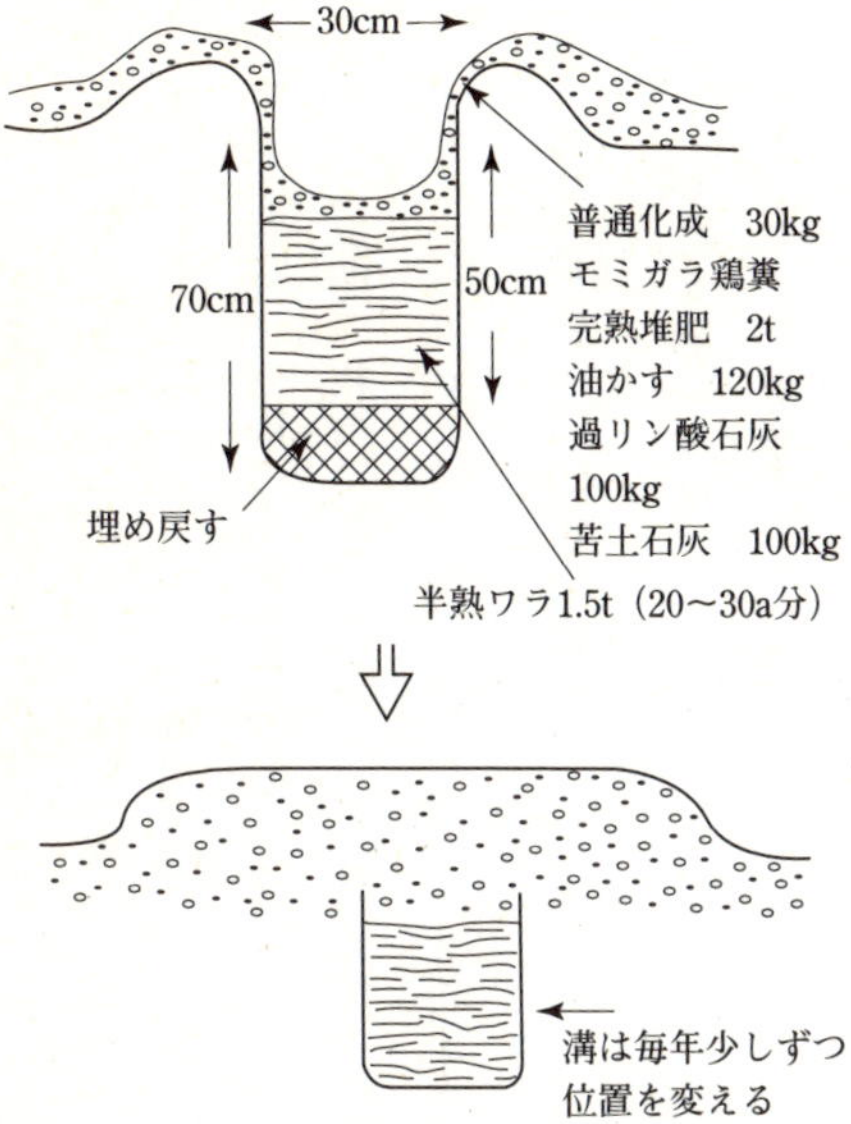

図12　溝施肥（前作メロン）で下層まで土壌改良

浅根性のメロンはワラのある溝の底までは張っていかないが、トマトを定植する八月ころになると、ワラも十分に腐熟し施した肥料分もワラや土になじんでちょうど食べごろになる。トマトの直下根はこれをめがけて張っていくわけである。だから、トマトの作付け前には、深耕もせず堆肥も施さない。二月にトレンチャーで掘ると腐熟したワラや腐植が表層に上がり、土層全体が改良されていく。

この溝施肥は、下層の土が表層に出てくるため、センチュウ密度が多い圃場では注意する必要がある。また低温期の栽培では、未熟ワラの投入はJ3（根腐れ萎凋病）の発生を助長するといわれている。私も最近では一部のハウスは溝施肥は行なわず堆肥を全面施用している。

(2) 土壌消毒（太陽熱消毒）

六～七月に太陽熱消毒

ネマトーダや土壌病害の多いトマトは、一般にD—Dやクロルピクリン、バスアミドなど薬剤を使って消毒している。私は以前は薬剤による土壌消毒をしていたが、五年前からメロン収穫後の七月の太陽を活かして太陽熱消毒に切り替えた。太陽熱消毒をするようになってから、コルキー（褐色根腐病）は発生しなくなり、青枯病も一部に出る箇所があるがほとんど問題なくきている。

年により梅雨明けが遅いと効果がもうひとつの年があるが、一週間以上晴天が続くと、地下三〇センチくらいまで四〇℃以上になる。センチュウや多くの土壌病源菌は四〇℃以上になれば死ぬので効果が期待できる。私のハウスは、ハウスフィルムがフッ素樹脂（エフクリーン）で透明度が良く密閉すると温度が上がるので、いっそう効果が高い。一九九〇年に展張し今年で一〇年になるが、ほとんど汚れていない。洗わなくとも大雨か雪が一～二度降るときれいになる。日中ハウス内からハチやトンボの飛ぶのが見えるくらい明るい。

臭化メチル剤（サンヒュームなど）は二〇〇五年には全廃され使えなくなる。今から臭化メチル剤に代わる土壌消毒法を確立しておかなくては間に合わない。経費もかからず無毒な、夏場の太陽、自然の力を利用すべきである。

「新太陽熱消毒法」は抑制トマトでは問題が多い

太陽熱消毒から定植までの手順は、「灌水・マルチ→太陽熱消毒→灌水→施肥・耕うん・ウネ立て→定植」の順であったが、最近、「施肥→耕うん・ウネ立て→灌水・マルチ→太陽熱消毒→定植」のほうが効果が高いとする説が流布されている。定植できるような状態にしてから太陽熱消毒すると、深層の未消毒の病源菌が生息している土壌が混和されないのでよいというのがその理由だ。

しかし、これにはうなずけない。太陽熱消毒してから耕うんすると、未消毒の病源菌の混じった土が混ざるとかいわれているが、トラクターの爪の深さで混ざるようでは、太陽熱は効いていない。トマトの根は定植後間もなく、それより深く入るはずである。

この「新太陽熱消毒法」はさらに致命的な欠陥がある。トマトは元肥を施し耕うんベッドをつくってマルチがけしてから、灌水して高温にすると、肥料の分解が進み定植すると一挙に効いてきて初期暴走する。品種によっては異常茎、奇形果となり減収してしまう。セル苗はそれでなくても初期強いので危険である。「新太陽熱消毒法」を導入して効果を狙うなら、元肥ゼロで追肥主義でいくべきである。

太陽熱消毒の手順

①メロン収穫後、ただちに残渣を処理

メロンの収穫が終わるのは六月下旬である。

ダイレクトセル苗の定植は七月下旬なので、ハウスが空く期間は三五～四〇日、施肥・耕耘・ウネ立て・灌水などに一週間は必要なので、太陽熱消毒にさける日数は二五～三〇日くらいだ。晴天が三日以上続けば効果があるが、ちょうどこの時期は梅雨どきなので、一日でも早く、一日でも長く行なうことを心掛ける。前作メロンが収穫が終了すると、ただちに木を抜きしおれさせ、一両日後に外に取り出すか間に合わなかったらツルを中央通路もしくは両サイドに寄せる。とにかく、早くメロンの木を枯らすことである。木が生きているとセンチュウなどの害虫も病源菌もどんどん増殖してしまう。早く枯らせばメロンからの養分供給も途絶えるので、増殖もストップする。

②マルチをまくり、ドブドブになるまで灌水

メロンは通路を含めて全面マルチで栽培しているので、このマルチをウネの中央にまくり、十分に灌水する。頭上灌水、チューブ灌水いずれでもよい。四～五時間ドブドブになるまで行なう。ただし、この灌水をする余裕がないときは、灌水せずマルチをしたまま太陽熱消毒に入っても、効果が上がる。太陽熱消毒は水で酸素不足にして消毒するのではなく、あくまで熱で消毒するから、温度さえ上がれば効果がある。もちろん灌水して湿っていたほうが深層まで熱が上がりやすい。

③マルチを再度敷き、ハウスを密閉して温度を上げる

水が落ちついてハウスに入れるようになったら、乾かないうちにマルチを元に戻す。メロンの残渣は後日取り出してもよい。マルチは再度使用するわけだが、私の場合はメロンは這いづくりで、植え穴は株間六〇センチで包丁で一文字に切る。見た目ではほとんど穴は見えないくらいなのでマルチ効果は十分に得られる。

晴天が三日以上も続くとマルチ下一〇センチくらいでは七〇℃、二五～三〇センチ下で四〇℃となる。これでセンチュウや褐色根腐病などにはかなり効果があるようである。

(3)　定植前の灌水と元肥施肥

定植三～四日前に灌水し、水を下層にためる

太陽熱消毒がすみ、定植予定日の三～四日前から定植の準備に入る。太陽熱消毒で敷いたマルチを除去して、太陽熱処理のときに十分灌水してあれば三～五時間、そうでない場合は五～七時間、十分に頭上灌水する。

定植後の「しおれ活着・止水」が安心してできるように、水を地下にためておきたいからだ。「しおれ活着」の条件は、ウネを立てる前に十分に灌水して下層に水分をため、定植時にはベッドの表層を乾かしておくことである。定植後は「しおれ活着・止水」を一カ月前後行なうので、その前に土壌下層に水分を貯金しておくわけだ。定植時にはベッド表層が乾いている状態にする。そして定植したトマトの根が、毛管現象で下から上がってくる水と肥料を求めて深く伸びるような状態にしたいからだ。

耕うん後灌水する方法もあるが、耕うん後だと土が締まって硬くなり、初期生育が大変悪くなる。必ず、灌水→施肥・耕うんの順にする。

私の圃場は砂壌土で乾きやすいので、夏の高温で一両日すると乾いてトラクターが入れるようになる。土壌条件によっては四～五日かかる圃場もあるが、ロータリー耕うんしても粘らない状態になってからでないと、土を練ってしまい排水が悪くなるので注意する。耕うんの前に元肥を施し、そしてベッドをつくる。

元肥は二割減、土壌診断に基づいて施肥設計

ダイレクトセル苗の元肥の施肥量は、ポット苗と比べてどうしても前半は栄養成長気味になるので、

おとなしいハウス桃太郎なら元肥は一〜二割減でスタートし、三段開花以降の追肥をその分上乗せして施すとよい。草勢が強い桃太郎8は、四〜五割減くらいにして、追肥量を多くする。施肥量は最終的には着果肥大の良い分、若干多くなる。

ただし、最近の品種は、桃太郎（元祖）と比べおとなしいタイプが多い。肥料に対しても敏感でなく、鈍感というか、許容力が大きい。品種によっては、有機肥料やじわじわと効く被覆肥料や緩効性肥料（ロング・CDUなど）を使えば、ある程度元肥量を多くした元肥中心施肥設計でもかまわない。

施肥設計は、土壌診断の結果に基づいて調整する。私たちの産地は、地元山武普及センターが年二回メロン、トマトの作付け前にしらべてくれる。ECは二回とも変わらないようにする。つまり作付け前と作付け後が同じということは、施した窒素がすべてその作で吸収されたということであり、それが施肥量を決める基準になる。トマトは、pH六・三〜六・八、EC〇・二〜〇・四、石灰一五〇〜二五〇ミリ、苦土二五〜三五ミリ、カリ一五〜二五ミリ、リン酸二〇〜四〇ミリくらいあれば、標準の施肥設計でよい。もしECが一・〇以上あれば窒素分は元肥には必要ない。〇・五〜〇・七くらいで標準の半量を目安にしている。

しかし当地域では三〇年以上のハウスが多く、土壌成分のバランスが崩れてきている。俗にいう連作障害みたいな感じの圃場も多い。とくにリン酸、カリが過剰気味となっている。リン酸は実際圃場では障害の発生例がないといわれているが、カリについては気をつけなければならぬ。標準値の二一

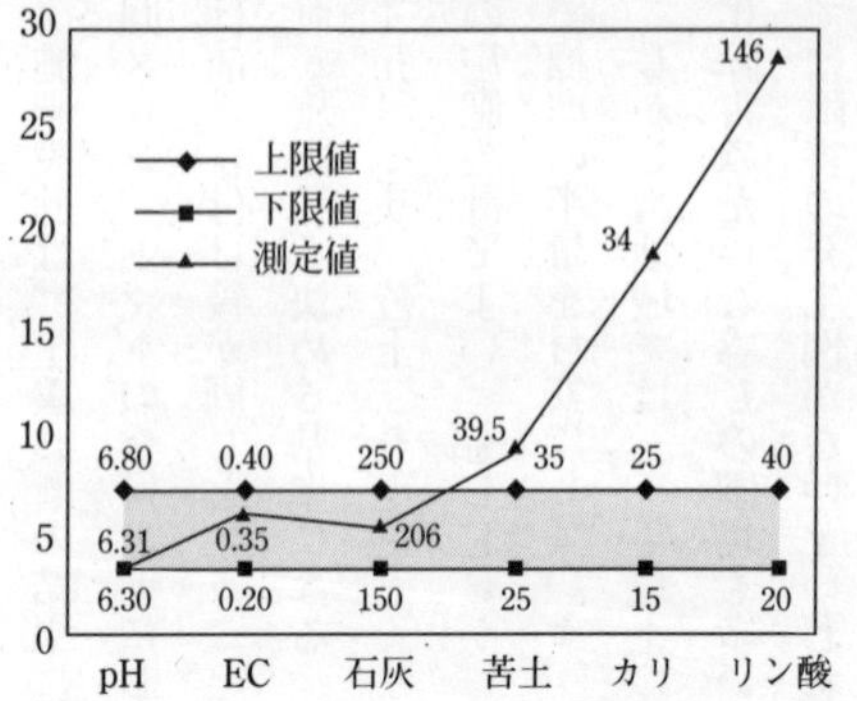

図13　連作30年のハウスの土壌診断結果（例）

〜三二ミリ／一〇〇グラムを大幅に上回って五〇〜一〇〇ミリ以上もある圃場もある。カリ過剰になると苦土欠乏を起こし、さらに石灰欠乏鉄欠乏などいろいろの弊害となる。

私のハウスも図13のように、連作三二年目はリン酸とカリが過剰になっている。このような圃場では、標準の肥料設計ではなく、過剰分を差し引いた成分で独自に肥料設計を立てる。リン酸も過剰害は少ないが、リン酸肥料はもっとも価格が高いのでフトコロによくない。リン酸・カリが多い場合は、リン酸カリ成分の少ないもの（価格も安い）を使えばよい。これは生産費の削減にもなる。

元肥は緩効性被覆肥料とボカシ肥をセットで

元肥には施肥後四〇日ころから効き始める緩効性被覆肥料のスーパーロング４２４（一四〇日タイプ、成分一四―一二―一四）とボカシ肥のエスカ有機。カリ・リン酸が過剰になっている圃場には、メーカー（チッソ旭）に依頼してつくってもらった、硝酸石灰をコーティングしたものに緩効性肥料のＣＤＵを配合したトマト専用ロングショウカル（一二―四―四）を施している。硝酸石灰にはカル

表5　抑制トマト施肥例（平成9年）

1　標準施肥

肥料名	元肥（kg）	追肥（kg）					成分量（kg）		
		8/20	8/26	9/6	9/15	9/25	N	P	K
スーパーロング424・140	80								
エスカ有機	200								
ネマトリン	20						11.2	16.6	11.2
重焼燐	20								
苦土石灰	120								
エスカ有機		300							
ダブルパワー			30				19.5	20.5	19.5
CDU				40	40	40			
合計							30.7	37.1	30.7

注）摘芯後は追肥を行なわない

2　リン酸が多い圃場の施肥

肥料名	元肥（kg）	追肥（kg）					成分量（kg）		
		8/20	8/26	9/6	9/15	9/25	N	P	K
トマト専用ロングショウカル	80								
エスカ有機	200								
ネマトリン	20						9.6	6.6	3.2
苦土石灰	120								
エスカ有機		300							
ダブルパワー			30				19.5	20.5	19.5
CDU				40	40	40			
合計							29.1	27.1	29.1

注）摘芯後は追肥を行なわない

シウム分が多いので、尻腐れや芯腐れを抑制する効果もある。

元肥は、ロングショウカル（スーパーロング）、過リン酸石灰（重焼燐）、苦土石灰、ネマトリンは全面にまき、エスカ有機（二〇〇キロ）はベッドの植付け位置となるところにすじ状にまく。肥料袋の片隅を切り、抱えて落とすか引きずりながらすじ状にまいていけばよいので作業も楽にできる。こうしてから耕うんすると、定植位置部分が床土状態となり、エスカ有機が根付肥となる。私はトマトには堆肥は施さないが、堆肥もこのように施せば少ない量で効果が期待できると思う。

元肥をまいたら、トラクターでなるべく深く耕し、表層の吸収根も深く張るようにする。

追肥も緩効性肥料とボカシ肥の有機灌水追肥

私は前述したように、トマトは肥効の波をつくらずに安定して効かせたいので、元肥だけでなく追肥も緩効性肥料を長年使っている。ボカシ肥のエスカ有機と緩効性のダブルパワー、CDUをウネの中央部の灌水パイプの上に施し、灌水するごとに溶けて効くようにしている。ダブルパワーは速効性の燐硝安カリと緩効性のCDUを配合したもので、トマトの追肥には最適で、私は第三花房が開花するころの最初の追肥やスタミナ切れ気味ですぐに効かせたいときに施している。

(4) ウネ立てと栽植密度

施肥後ただちに耕うん・ウネ立て

施肥が終わったらロータリー耕うんし、土壌が乾燥しきらないうちにできるだけ早くウネを立てる。私はベッドをつくるのに自分で改造した培土板を使って、トラクターに乗ったままウネ立てしている。ベッドをつくるのに一〇アール一時間とはかからない。

ハウスサイドは以前は浸水しないよう盛り上げていたが、今はサイドの消毒不十分な土はそのままにして盛り上げない。そのほうが逆に浸水も少ない。

ベッドを高く上げると乾きやすくなるので、定植後ベッドの表面に敷ワラをし、地温を下げ蒸散を抑えるようにする。

写真34　ウネ高20cm前後のベッドをつくり，植穴位置に印をつけていく

ウネの高さはある程度あったほうがよい

トマトは一般的には平ウネにかぎると

いわれているが、圃場の環境によっては、そうはいかない。圃場周辺の排水対策がなされているところでは平ウネでもよいが、当地域は、平坦地で地下水位が比較的高く、大雨などが続くとハウス内に雨水が流れ込み冠水することがあるので、必ずベッドをつくる。

トマトは収穫が始まってから冠水したら一晩で根腐れを起こす。高ウネにしてもベッド上に乗ると根が傷む。翌日はしおれず変わらないと思っていても、二～三日すると日中しおれてくる。生育初期の収穫前であれば、新根が発生して回復するが、樹にいっぱい負担がかかる収穫開始時期になると、なかなか元気が出ない。そんな状態が続くと褐色根腐病が発生して回復しない。かろうじて生きている。水分を吸収できないので、水分ストレスをかけたトマトのようにピンク色でなく褐色がかった果実になる。糖度は高くなるが収量品質とも落ちる。

同一圃場に自家用のキュウリ、ナス、メロンなどを植えたことがあるが、冠水にはトマトが一番弱い。次いでナス、メロン、キュウリの順であった。皮肉なことに、健全に根が深く広く張った株ほど被害が大きかった。

私の場合、施肥・耕うん後に、排水の悪い圃場はベッドを二〇センチ前後に高く盛り、そうでない圃場は軽く盛る程度でつくっている。平ウネでも植付けのときに軽くウネ立てするか、もしくは線引きをしなければならないので、作業的にも変わらない。

通路部分を少しでも低くしておけば、作業が非常にしやすくなる。二〇センチ程度でも高いと誘引、

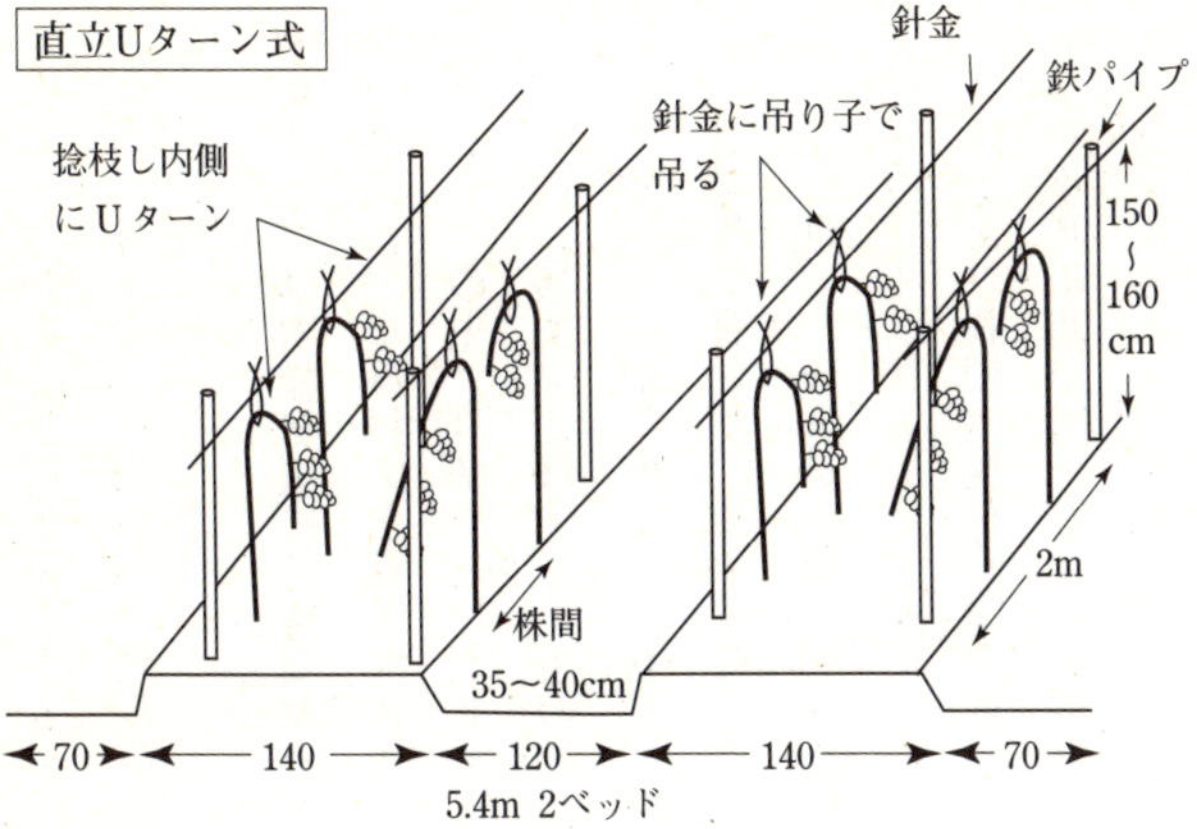

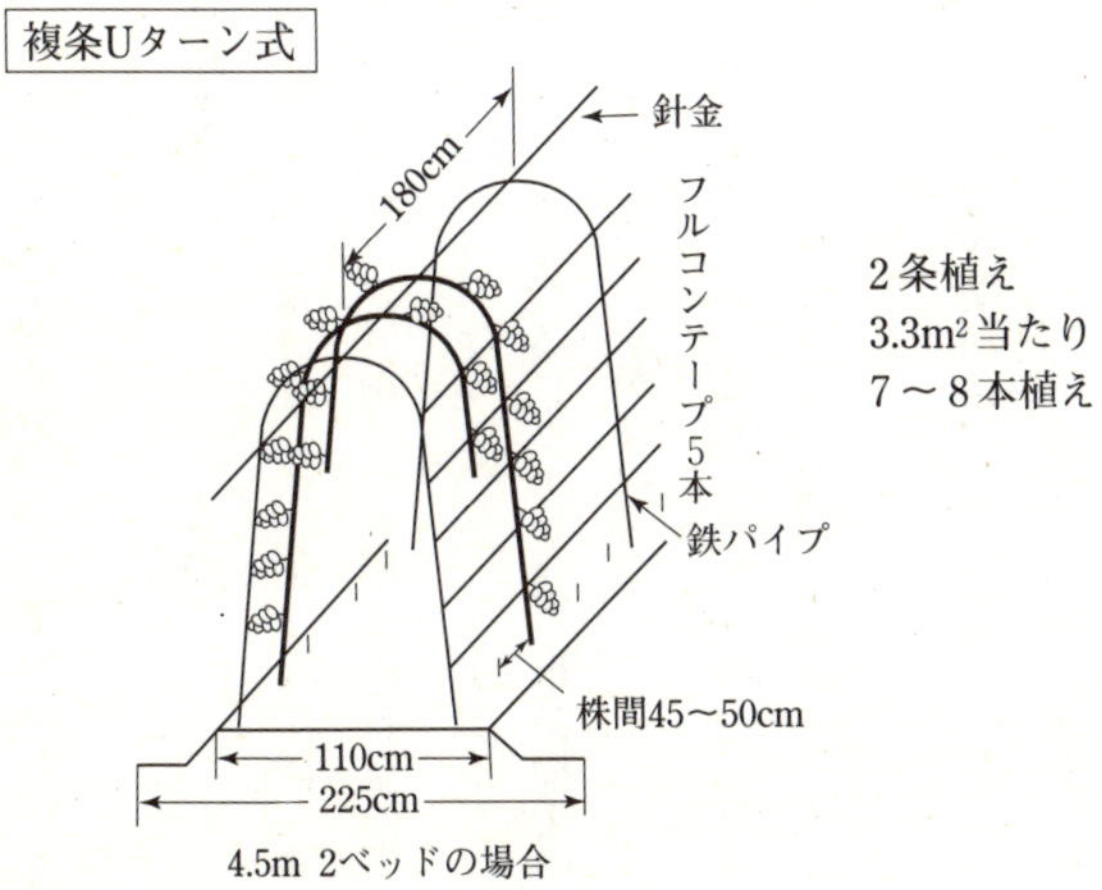

図14　直立Uターン整枝と複条Uターン整枝

芽かき、葉かき、収穫、摘芯、捻枝、消毒などの作業で、腰を曲げる程度が大変少なくなるので楽になる。ぶっ倒し後の収穫作業もウネが高いと非常に楽だ。また、芽かき・葉かきした残渣もウネ間に放って置けばよく、収穫後のその片づけも、ホークを押すだけで簡単に集めることができる。

裂果タイプは密植気味に、空洞タイプは疎植気味に

栽植法には、単条植えと複条植えとがある。単条植えは高さ一六〇～一八〇に二メートルおきに立てた鉄パイプの先に針金を張り、トマトを吊り子で直立に誘引して先端部を針金の下で捻枝する直立Uターン式、複条植えはアーチ条の鉄パイプを二メートルおきに立て、フルコンテープを横に五～六本張って誘引し、頂部で交差させて反対方向に誘引する複条Uターン式。単条植えのほうがトマトのためには環境は良いが、作業性等を考えると複条植えのほうが良い。

間口五・四メートルのハウスの場合は単条植えにし、ベッド幅一三〇センチと広くし、ウネ間は通路部は一二〇センチとし、一条おきに一四〇センチと広くする。その分株間を三五～四〇センチと狭くして坪当たり栽植本数を確保する。

大型ハウスや間口四・五メートルのハウスの場合は複条植えにし、ウネ幅二二五センチ、ベッド幅一三〇センチとウネ間を狭くし、逆に株間を四五～五〇センチ広げて、通風採光を良くする。いずれの場合でも坪当たりの本数は七本前後になりあまり変わらない。なるべく坪当たりの栽植本数を少な

くし、トマトの環境を良くすることが高品質多収のポイントでもある。

品種によって、密植でもよい品種と、疎植のほうがよい品種とがある。葉が薄く切れ込みの浅い品種（メリーロード、マイロックなど）は一般に玉伸びが良く裂果しやすいので密植気味にし、桃太郎8などは空洞果が出やすく密植にすると肥大が悪いので疎植気味にする。いずれにしても裂果さえ出なければ株間を五〇センチくらいに広げたほうが肥大が良く、収量・品質も高まる。

ダイレクトセル苗はポット苗と比べて草勢が強く過繁茂になりやすいので、品種にもよるが五〇センチくらいに広げる。

また個々の肥培管理や手くせのようなものでも異なる。私はいつもこんな表現をしている。「ふだん肥大が良すぎて裂果や裂皮が多い人は、株間を多少狭めて裂果を防ぎ、逆に過繁茂になって光線不足で肥大が悪かったり空洞果が出やすい人は、株間を広げて、光線を取り入れて肥大を図ったほうがよい」と。栽植密度はあくまでも自分の経験のなかから割り出すべきである。

4、定植から一カ月(追肥・灌水開始まで)

(1) 定植

午後に根鉢が隠れる程度に浅植え

抑制栽培の定植は七月下旬の高温時期となる。セル苗の培養土はピートモスやバーミキュライトなどの排水の良いものが多いので非常に乾きやすい。定植前に十分に灌水するが、定植するのは午後にしたほうがよい。午前中植えたものと比べると断然、活着が早い。

単条の場合、一、三メートル幅のベッドの肩の部分から三〇センチに穴あけ器を使って印をつける。穴あけ器は自分で考案したもので、株間もアルミの針金を使っているので、自由に株間調整ができる仕組みとなっている。複条の場合は、片側一列のみに印をつけ、反対側のウネは、目見当で決める。

この目見当をつけた植穴位置に、コナジラミ対策のアドマイヤー粒剤を株当たり一グラムか、モスピラン〇・七グラムをまき、それを目印として決まった深さの穴を掘って植える。これも省力対策である。

次にベッド肩を育苗箱に入ったトレイを引きながら植えるか、トレイをぶら下げてセル苗を抜き、ベッド上に軽く投げて配置して植える。根鉢熟苗にすると軽く投げても根鉢が崩れない。この程度の根鉢にすることを熟苗の目安にしている。

植え付ける深さは、苗の根鉢の表面が隠れるくらいの深さがよい。培土が露出するくらいの浅植え

写真35　印をした植穴にトレイを引きずりながら植えていく。反対側は植えた株を目安に植える

写真36　定植後，通路に設置したスミサイスイやベッド中央に設置した灌水チューブで灌水

だと、根鉢が乾きやすく活着が良くない。かといって子葉近くまで深く植えると、柔らかい軸部分が高温で焼けたり、灌水しすぎると湿度で腐り白絹病などが発生しやすくなるので深植えは絶対禁物である。

ダイレクトセル苗であれば一人でも一〇アール三時間はかからない。

(2) 活着までの管理

第三花房開花までが一〇日長いダイレクトセル苗

四・五葉とポット苗より二葉若く、また着果節位が上昇しやすいダイレクトセル苗は収穫開始が遅れないよう、一〇日ほど早くまき、一五日ほど早く定植する。そのため、第三花房が開花し追肥・灌水を開始するまでの、草勢のコントロール期間が、ポット苗と比べて一〇～一五日間長くなる。ポット苗以上に「早く活着させて早く水を切る」ということの期間の原則を徹底して行なうことが重要だ。

定植後はポット苗以上に、早くしおれ活着・完全活着させて早く水を切り、地下の水を求めて根が深く広く張るよう、じっくりゆっくり育てる。早く水を切らないと、草勢が強くなりやすい。強くなりすぎると、第三花房開花ころに異常茎になりやすく、一段果が奇形果になりやすい。樹の力に対して花の力が弱くなると着果も不安定となる。そうなるとなおさら栄養生長に傾き、果実の伸びも悪くなる。

定植後は葉水程度で、しおれ活着

抑制栽培でも一部ではマルチ（白黒マルチ、サマーマルチなど）を使用しているが、ポリマルチをすると地温が上がりやすく、青枯病などが発生する圃場では危険である（青枯病は地温三〇℃以上になると発生しやすい）。地温抑制効果は何といっても敷ワラが一番である。サマーマルチなどより三℃は低い。定植後できるだけ早くベッド中央に敷ワラを敷く（一〇アール分を二〇アールに）。敷ワラをすると土壌水分も安定する。

定植した翌日、晴天であれば四〇℃くらいまで上がり蒸散がはげしくなるので、午前中に一〇～一五分くらい頭上灌水するか、灌水チューブで葉水程度にかける。あくまでも葉水であって灌水ではない量にする。数時間すれば乾いてしまう程度である。夕方ベッドの表面が白く乾くことが、育苗期間と同じく灌水の基本である。

日中の少しくらいのしおれでは、じっと我慢でしおれ活着でいく。早く苗自体の力で下層の養水分を吸収するよう仕向ける。ウネの表面を乾かさないと、いつまでも浅根のままで深くに根が伸びていかない。根が深く張らないと一寸表面が乾くとすぐしおれてしまい、葉水・灌水せざるをえなくなる。そんな繰り返しでいくと後半のスタミナ・馬力が出ない。晴天が続けば葉水を一～二日おきに一、二回かけるが、曇雨天が続けばまったくかけなくともよい。

ダイレクトセル苗はポット苗以上に活着力も強いので、定植後四日ころには生長点部が膨らんで動き始め、出葉し始めていた五葉も大きくなり始める。このような状態を「しおれ活着」と呼び、葉水もかける必要がなくなる。その後数日後には葉ツユをもつようになり「完全活着」する。完全活着後は止水でいっさい水をかけない。

(3) 支柱立て・整枝・芽かき・ホルモン処理

支柱を立てて、直立Uターン、複条Uターン整枝

整枝方法には、直立誘引、直立Uターン、複条Uターン、斜め誘引、ずり下ろし誘引などいろいろとある。それに、単条か複条か、支柱を一本ずつ立てるか、テープなど行なうか、支柱を一〜二メートルおきに立て横テープを張ってテープナーなどで止めて誘引するか、など地域や個人によりさまざまである。

いずれも一長一短があるので、一概にどれがよいとはいえないが、私は前述したようにテープ（吊り子）を使う直立Uターンと、アーチ支柱を二メートルおきに立て横テープを五〜六本通しテープナーで止める複条Uターンとで行なっている。いずれも私の考案した方法で、当地では一〇〇％この方法で行なわれている。ずり下ろしをすると、どうしても茎や根が傷んでバランスを崩し、空洞果になりやすいからだ。

当地のトマトは抑制栽培が主で、直立Ｕターン整枝の場合、一六〇センチに五～六段、捻枝してＵターンして三段、合計七～八が普通である。

ずり下ろしも捻枝・Ｕターンもしないと、支柱よりも高く二メートル以上にも伸びるが、根から養水分をそこまでポンプアップするのは、トマトにとって大変な負担である。一六〇メートルでＵター

写真37①　吊り子で吊った単条植え（直立Ｕターン式）

写真37②　アーチ条パイプの複条植え（複条Ｕターン式）

ンさせて先端部の高さが一二〇～一三〇メートルになると、サイフォンの原理でポンプアップする圧力も低くてすむ。サイフォンの原理で養水分が引き込まれる形になるので、二メートルの位置と一二〇～一三〇メートルの位置では後者のほうが草勢が強く、果実の肥大もひとまわり違う。

ダイレクトセル苗の第一花房開花は定植後二〇日前後とポット苗よりも一週間あまり遅くなるが、支柱立て、誘引はこれまでにすませておく。開花時に茎葉を動かすとショックで結実が悪くなるからだ。

第一花房下の腋芽は早めにかき、上の腋芽は樹勢を見て調整

地上部の生長点が多くなるほど草勢はおとなしくなり、花に転流する養分が少なくなり、白っぽい花になって着果・肥大が悪くなる。第一花房から下の腋芽は早めにかき、その上からの腋芽は生長点を見て素直に伸びているときは早めにかき、草勢が強いときは過剰な養分のハケ口としてある程度伸ばして樹勢を調節する。ただし、花房下の腋芽は、花房の養水分吸引力が強いためか勢いが強く、大きくすると花房の発育・玉の肥大が悪くなるので、早めにかく。

いずれの場合も、腋芽を一度にかくと、生長点が一度に少なくなるため根が傷み樹勢が急に弱くなり、花房の発育・肥大にも悪い影響が出る。そしてその後は残った主枝の生長点に養水分が集中するため、異常茎にもなりやすい。必ず上部の数本の腋芽は残し伸しておく。

八月いっぱいまではホルモン処理

ダイレクトセル苗は樹勢が強いので、ポット苗以上に第一花房を確実に着果させることが、以後の樹勢コントロールのうえで重要である。

私は平成十年から本格的にマルハナバチを導入しているが、マルハナバチは三〇℃以上の高温になると、活動が鈍って巣箱から出てこない。高温になると花粉も出なくなるので、ハチが動いても着果しにくい。当地では普通八月末まではハウス内は四〇℃以上の高温になるので、八月中に開花する第一、第二花房はトマトトーンに頼らざるをえない。残暑が遅くまで続く年は第三花房までトーン処理が必要だ。

トマトトーンの濃度は、高温時ほどよく効くので、最初は濃度を一五〇～二〇〇倍と薄くし、八月末からは一〇〇～一二〇倍くらいにする。最初は第一花房が三花くらい開花したときにかけ、以後四日おきくらいにかける。黄色いみずみずしい花なら、一回の処理で完全に結実する。白っぽい花は何回かけても着果しにくい。一花一回処理が原則で、何回もかけたり濃度が濃すぎるとピーマン状の奇形果になったり、生長点部にかからなくとも生長点部が後になってモザイク状に縮れることがある。四日おきに処理すると、前回処理した花は小豆大に肥大しているので二重がけの間違いが少ない。

収穫開始前の樹勢調整法

ダイレクトセル苗は草勢が強いのであまり摘果する必要はない。摘果しても残った果実が肥大して、裂果や空洞果が多くなり、逆にスタミナ切れになることもある。「一段果は、摘果するより、大きくするな」が原則である。着果がよく肥大しすぎそうなときは、早めに灌水・追肥を開始し栄養生長を強めるとよい。逆に栄養生長が強く草勢が強すぎて着果不良のときは、芽かきを遅らせたり灌水・追肥の開始を遅らす。

第一果房や第二果房が着果してからも、あまりにも草勢が強すぎる場合は、普通収穫後に行なう下葉かきを、一段果房収穫前に二〜三枚、場合によっては四〜五枚かいてやるとよい。かくことにより株元の通風・採光が良くなるだけでなく、ずっと生殖生長に傾いてきて、空洞果も少なくなり果実がひとまわり大きくなる。葉カビなど病気やハモグリバエやコナジラミなどの害虫の発生も少なくなり、農薬散布の効果も上がる。

また、農薬散布の際に、葉面散布を兼ねてヨーヒB5、またはメリットの黄か赤を混合散布するとよい。B5はホウ素や亜鉛が含まれているためか、葉枯症も少なくなり、生殖生長が強くなって草勢もずっとおとなしく素直になる。

5、三段開花から収穫開始までの管理

(1) 追肥・灌水の開始判断と手順

第三段花房開花から一五日間が勝負

私は定植後のトマトの生産ステージを四つの段階に分けて見ている。①定植から三段開花（七月下旬～八月末）、②三段開花から収穫始め（八月末～九月中旬）、③収穫開始から摘芯（九月中旬～十月上旬）、④摘芯から収穫終了（十月上旬～一月上旬）の四段階である。

ダイレクトセル苗は元肥を二割くらい減肥して第一段階では追肥・灌水せず、確実に着果させて生殖生長を強めるようにもっていくが、第二段階の三段開花から収穫始めまでの一五～二〇日間は、一段果房、二段果房が急速に肥大を開始し、養水分を供給する根や茎葉に急激に負担がかかってくる、トマトにとってはまさに正念場である。

元肥を減らし定植から一カ月あまりの間、水や肥料を我慢していた分、この八月末から九月中旬の収穫開始までの一五日間に、元肥を減らした分を上乗せして施す。私は七～八段収穫する場合は、この間にボカシ肥（エスカ有機）と緩効性肥料（CDU）などで、窒素は全施肥量の二分の一（成分で

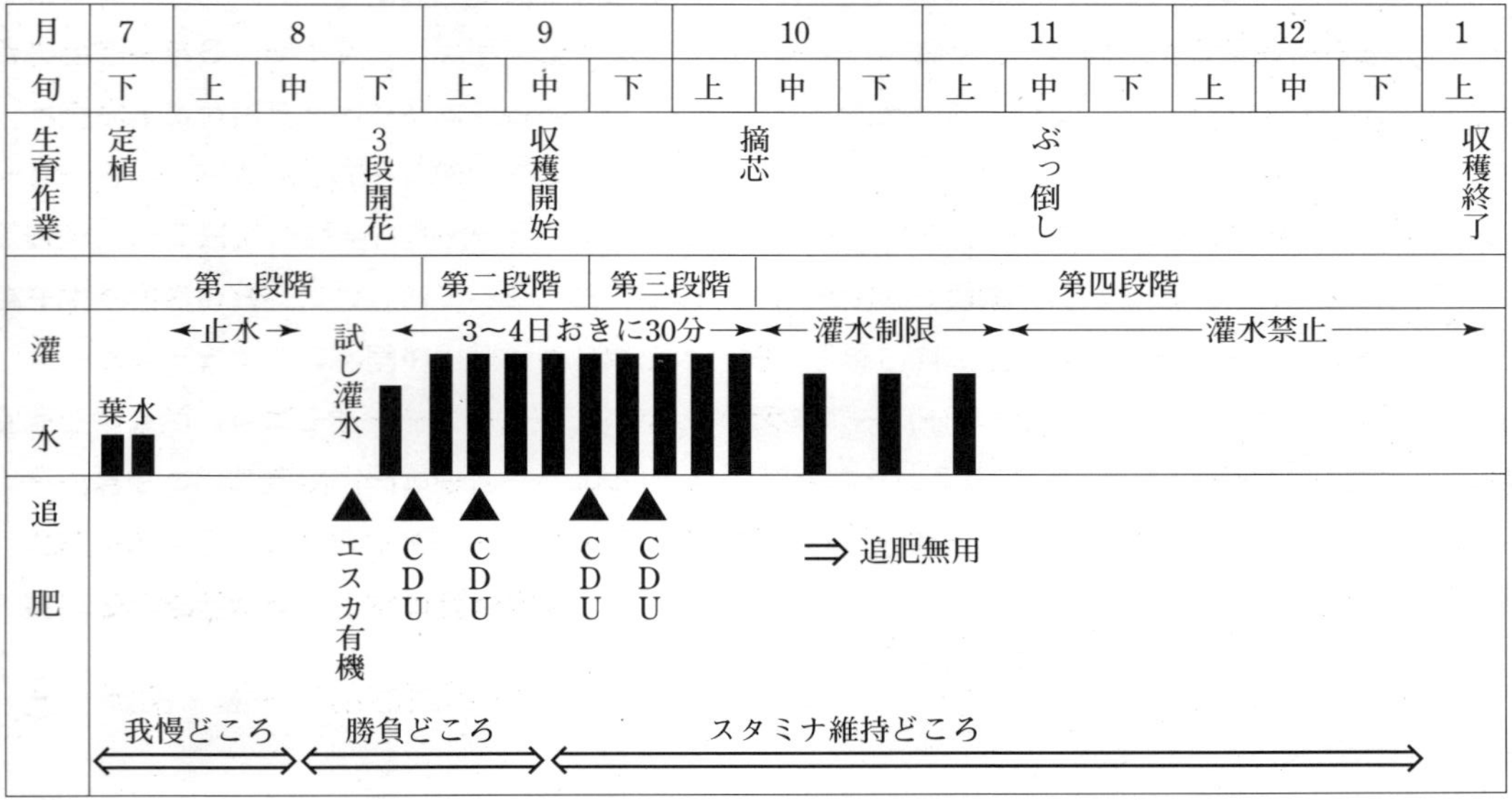

図15　定植から収穫終了までの流れ

約一五キロ）を追肥する。

しかし、第三花房開花時期の灌水・追肥は、一歩誤ると異常茎、一歩誤ると一・二段果房の肥大負担でスタミナ切れとなる、もっとも樹勢のコントロールが難しいときである。昨日は異常茎が心配であったものも、今日はスタミナ不足気味になるというように、生育の転換が急激に起こるからである。最初の灌水・追肥のタイミングを誤らないことが勝負といえる。灌水・追肥のタイミングが少し早いと異常茎を助長し、ちょっと遅いとスタミナ不足で生長点部の茎が細くなり、第四、第五花房の花質が悪くなり着果しにくくなってしまう。異常茎にならないことを確認し、遅れないよう追肥・灌水をすることである。収穫開始ころになってからスタミナ不足の生育を回復させようとしても、なかなか回復できない。これは植物の本能で、木ができ、果実ができ、種子ができると、トマトは子孫ができてこれで己の使命が終わったと判断してしまい、再び木を若くして実を結ぼうとしないからだろう。これでは、ダイレクトセル苗のスタミナの強さを活かすことは

図16　若梅式「有機灌水追肥」

できくなる。

この第二段階の一五日間をクリアーすれば、あとは樹勢を強めにもっていけばよい。後半までスタミナを維持したいならば、六対四くらいの割合で栄養生長気味にもっていけばよい。私は第一花房着果節位くらいから茎がだんだん太くなるようにもっていく。収穫開始ころに第四、第五花房が確実に着果し樹勢が衰えていなければ、あとは一回の追肥のみで、摘芯・Uターン後の第四段階になると果実負担も少なくなるので残肥だけで追肥の必要がなくなる。

捻枝するまでの五～六段と、捻枝・Uターンした先端部に着果する第六、七、八段の三段の収量を比較すると、私の場合七対三くらいになる。スタミナの強いダイレクトセル苗は、この捻枝・ぶっ倒し後に収穫する第六、七、八段の収量が増える。

試し灌水で灌水・追肥時期を判断

灌水・追肥のタイミングは第1章で述べたが、第三花房の開花前後に生長点部の葉色や葉の角度、巻き具合、第一段、二段果房の肥大速度をよく観察して決める。少し樹勢が弱いと思ったら、第二花房の開花最盛期から始めることもある。

肥料は灌水前にベッドの中央部の敷ワラの上に、エスカ有機（ボカシ肥）を一〇アール二〇〇～三〇〇キロをまいておく。

そして適期かなと思ったら軽く試し灌水をする。私は二インチのポンプでベッド中央に設置した灌水チューブで一〇～一五分行なう。灌水後表層の土をつかんで濡れていると感じる程度である。そして翌朝トマトの姿、とくに生長点を観察する。今まで太く「づくもっくり」していた生長点が、なんとなく素直な感じとなり、葉色の緑が淡くなるようなら灌水・追肥の適期と判断する。これが今まで以上に強くなるようであれば、まだ早い。この生長点や葉色の変化は、トマトが体内栄養の状態や栄養生長・生殖生長のバランスを示すシグナルである。その後もこのシグナルを見ながら、追肥・灌水の実施・延期を決める。

緩効性CDUを一〇日おきに四回追肥

灌水は三～四日おきに三〇分くらい行なうが、気温が下がるにつれ間隔をあけていく。

肥料は、早くにスタミナ不足になったときは、最初の追肥だけCDUと速効性の燐硝安カリが配合されたダブルパワー（チッソ旭）を三〇キロ施す。スタミナ不足気味になっていないときは、八月二十六日、九月六日、九月十五日と収穫開始までに一〇日おきくらいに、CDUを四〇キロ前後ずつ施して、樹勢を強めていく。収穫開始後は九月二十五日に同量を一回施すだけで、追肥は打ち止めとなる。

施肥位置はすべてベッドの中央部に設置した灌水チューブの上にまいて施す。これらが三～四日おきの灌水のたびに融けて浸透し吸収される。

(2) マルハナバチによる受粉

生態を知れば確実に受粉し大変省力的

近年環境ホルモンが人体に及ぼす影響が明らかとなり、国際的な問題となっている。また、生長調節ホルモンの人体に及ぼす悪影響もいろいろいわれており、欧米では禁止されている国もあるようだ。私は六～七年ほど前にマルハナバチを県経済連のすすめで導入したが、運悪くその年は新しい害虫のマメハモグリバエが大発生し、あまり良い結果が得られず、一年で中止していた。マメハモグリ自体の防除技術ができていなかったことと、マルハナバチに対する知識不足が原因であった。

その後平成十年から再導入し、平成十二年は全面積マルハナバチで受粉した。この通算四カ年の経験である程度マルハナバチの生態や技術がわかってきた。マルハナバチは、三〇℃前後の高温になると活動しなくなり、五〇℃になると死んでしまうので、高温対策が不可欠になる。また、マルハナバチに害のない農薬の選択、逃散を防ぐためのネット張りなどが、確実にムラなく受粉させるうえで重要である。

トマトの花は蜜を出さないのでミツバチによる受粉はできないが、マルハナバチは花粉を餌にして生きているので、開花期間に導入するとじつにこまめに活動し確実に受粉してくれる。暑いなかで行なう四日おきのホルモン処理作業が無用になるので、大変省力になる。

巣箱を土中の穴に入れ、日中はアイスノンで巣箱冷房

私の抑制トマトの場合、一～二段の開花・受粉は八月でハウス内が四〇℃以上もの高温となるので、前述したようにホルモン処理をしている。九月に開花する三段から八～九段が開花する十月末までマルハナバチを導入して受粉させている。

巣箱は一箱に一〇〇匹入っている。開花最盛

写真38①　ハウスに衣装ケースくらいの穴を掘り，ケースを埋めケースの中に巣箱を設置

写真38②　巣箱の出入り口部分だけを開けて暑さ除けのフタをケースに被せる

写真38③　開花した花の花粉を懸命に集めるマルハナバチ

写真39　マルハナバチの逃散防止，アブラムシなどの侵入防止にハウスサイドに張ったダイオミラー

期でも一箱で二〇アールの受粉ができる。パイプハウスはハウスとハウスの間にネットを張れば、ハウス間を自由に移動できるようになる。また一つの巣箱を二～三カ所に移動して使うこともできる。ローテーションをうまくつくり四～五日で一巡するようにする。

九月に入ってからも日中は四〇℃前後になる。この高温となる時間帯にマルハナバチが消耗しないようにしてやることが大切だ。まず、写真38②のようにコンテナがすっぽり入る穴をハウス内に掘り、コンテナを埋め、そこに巣箱を入れて地下埋設する。そして日中はアイスノン（氷枕）を巣箱に入れてやると、彼らは消耗せず結構よく働いてくれる。

逃散を防ぐ防虫ネットの選択と張り方

マルハナバチはミツバチと違い帰巣本能が乏しいのか、ハウスから出ると帰ってこられなくなるものが多い。マルハナバチの一匹当たりの単価は三〇〇円前後と高価なので、逃散防止対策が重要だ。

ハウスのサイドなどの開閉部には、四ミリ目以下のネットを張り、外に逃げないようにする。大型ハウスはぐるり回りのみでよいが、パイプハウスでは囲い切れない場合がある。また、パイプハウスのサイドに防虫ネットを張ると、換気作業でビニールを開け閉めした際などにマルハナバチが挟まれて動けなくなることがある。私は図17のようにパイプハウスの通路上を、一枚の防虫ネットで天井とサイドを塞いで、マルハナバチが自由にパイプハウス間を行き来できるようにしている。こうすればビニールの換気作業も支障なく、また台風時でもそのままの状態でサイドを下ろすことができる。

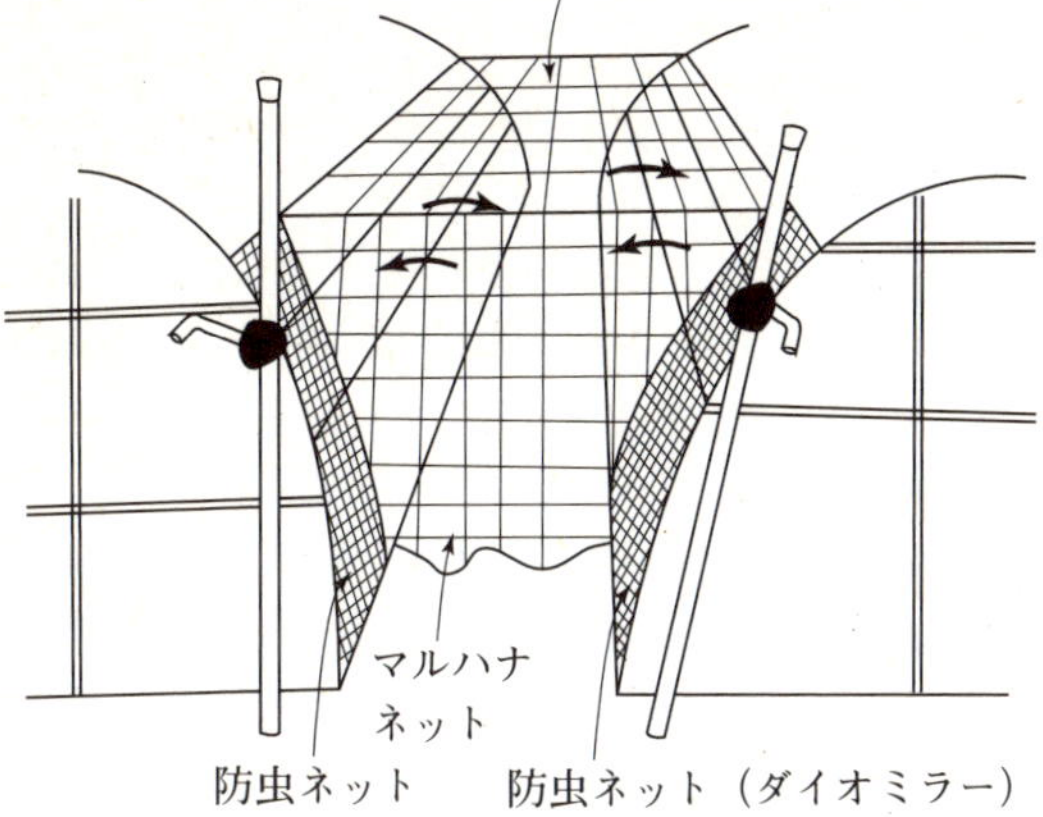

図17　マルハナバチがパイプハウス間を自由に移動できるようにしたネット張り

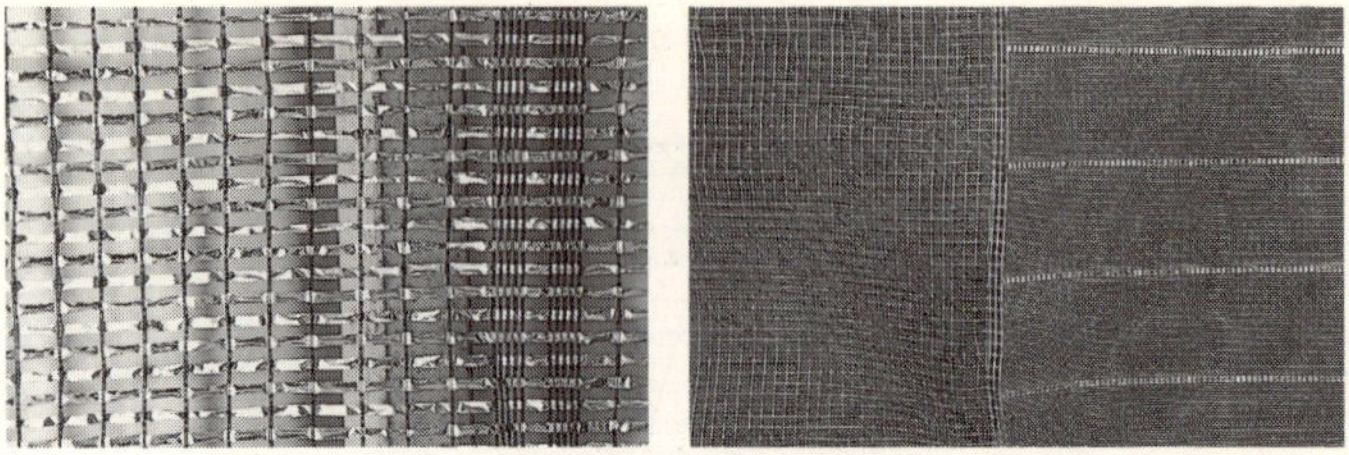

写真40　防虫ネット

①ダイオミラー　②マルハナネット（左）とライトロンネット（右）

防虫ネットにはいくつかの種類があるが、ダイオミラーなど害虫に対して忌避効果のあるネットを張ると、殺虫剤散布も大幅に軽減できる。防除が減ればマルハナバチに有効であるだけでなく、安全性が高まり低コスト省力効果になる。私は次のようなネットを使っている。

①ダイオミラー（ダイオ化成）

銀色の反射する遮光ネットで、四ミリ目を使っている。ハチを逃がさないために張るわけだが、この銀色が害虫を寄せつけない効果もある。ハモグリバエ・アブラムシ・タバコガ・オオタバコガ・ヨトウムシなどの防除になる。マルハナバチを使わない場合でも、薬剤散布の軽減になるので、ネットを張ることをすすめたい。

②ライトロンネット

これも銀色の糸の入ったものは同じような効果がある。また織り目がほつれない織り方なので耐久性があるようだ。

③マルハナネット

白・黒などがあるが、いずれも四ミリ目である。ヨトウムシ・タバコガなどの防除にもなる。

そのほかサンサンネットなどいろいろな防虫網が市販されている。

薬剤は選択し、防除日には他ハウスに移動

農薬使用については、各蜂メーカーから資料が出ているのでそれを参考にして防除をしている。アドマイヤーやオルトランは使えない。またダイセン系農薬もマルハナバチに対して忌避効果があるのでさけるが、チェス、モスビラン、マブリック、ボルドー、トリフミン、ベルクート、ダコニール、クリンヒッター、カスケード、アファームなど、結構使える薬剤が多くある。

薬剤散布のときは、前日の夕方に巣の門を閉めて作業場などに持ってきておき、二～三日そのまま巣箱の口を閉めておく。閉めておくときは、市販の花粉（セイタカアワダチソウの花粉など）を一日一回与える。

(3) 減農薬防除法

抵抗性品種・台木を選択

今、育種の世界は目まぐるしく進歩している。戦後昭和二十年後半になりF_1（一代交雑種）なるものができ、より安定した品種が普及してきた。交配の組合わせ過程で抵抗性対病性のある因子を入れたりして、トマトもかなりつくりやすくはなった。萎凋病（レース1・2）、萎凋病レース3、半身

農薬名	マルハナバチとの使用間隔	各種害虫に対して期待できる防除効果								使用倍率
		オンシツコナジラミ	タバココナジラミ	マメハモグリバエ	アブラムシ類	ハダニ	アザミウマ		ハスモンヨトウ	
							ミカンキイロ	ミナミキイロ		
残効日数が短く導入後の散布に適する										
チェス（粒／水）	0日	○	○		○					1g／株／3000倍
マッチ（乳）	0日						○		○	1000～3000倍
ゼンターリ（BT剤）	0日								○	1000倍
トリガード（乳）	1日			○						1000倍
アプロード（水）	1日	○	○							1000～2000倍
除虫菊（乳）・パイベニカ（乳）	1日	○			○					1000～1600倍
オレート液剤	1日	○	○		○					100倍
硝酸ニコチン・ブラックリーフ	1日				○					1000～1200倍
ピラニカEW	1日					○				1000倍
アーデント（水）	3日				○	○	○		○	1000倍
モスピラン（水）	1～3日	○	○		○			○		2000倍
マリックス（乳）・チオダン（乳）	3日	○			○			○		1000倍
マブリック（水／くん）	2～3日	○			○	○	○		○	4000倍／50g／400m²
ピリマー（水）	2～3日				○					2000～3000倍
サンマイト（フロアブル）	1～4日		○							1000～1500倍

表6　マルハナバチ導入時における農薬散布表

（アビ株式会社　カタログより引用）

区分	農薬	影響日数									使用倍率
導入前に散布すべき農薬	カルホス（粒）	10～14日	○		○	○					1500倍
導入前に散布すべき農薬	スミチオン（乳）	20日以上				○					2000倍
導入前に散布すべき農薬	マラソン（乳）	30日				○		○			2000～3000倍
導入前に散布すべき農薬	ジメトエート（乳）	20日以上									1000～2000倍
導入前に散布すべき農薬	ランネート（水）	20日				○			○	○	1000～2000倍
導入前に散布すべき農薬	スプラサイド（乳）	20日		○	○	○			○	○	1000～1500倍
導入前に散布すべき農薬	エルサン（乳）	20日				○					1000倍
導入前に散布すべき農薬	アグロスリン（乳）	20日以上	○			○					1000～2000倍
導入前に散布すべき農薬	アディオン（乳）	20日以上	○			○					2000～3000倍
導入前に散布すべき農薬	トレボン（乳）	20日以上	○	○							1000倍
導入前に散布すべき農薬	アドマイヤー（粒／水）	35／30日	○／○	○／○		○／○			○／○		1g／株／2000倍
導入前に散布すべき農薬	ダイアジノン（粒／水）	30／15～30日				○／○	／○				3～6g／10a／1000倍
導入前に散布すべき農薬	ベストガード（粒／水）	30以上／10日以上		○					○		1～2g／株／1000倍
導入前に散布すべき農薬	モスピラン（粒）	10日以上		○		○			○		1g／株
導入前に散布すべき農薬	オルオトラン（粒／水）	30／20日	○／○		○／2	○／○		／○			1～2g／株／1000～2000倍
導入後は残効に注意	ロディー（乳／くん）	9日	○			○	○				1000～2000倍／20g／100m³
導入後は残効に注意	ミクロデナポン（水）	3～7日					○			○	1000倍
導入後は残効に注意	パダン（水）	3～7日			○				○	○	1000～2000倍
導入後は残効に注意	アファーム（乳）	3～7日			○			○	○	○	2000倍
導入後は残効に注意	アリルメート（乳）	3～5日				○					1000倍
導入後は残効に注意	カスケード（乳）	2日			○		○	○	○	○	2000～4000倍
導入後は残効に注意	DDVP50（乳）	7日以上	○			○	○	○			1000～2000倍
導入後は残効に注意	モレスタン	3～5日	○	○			○				2000～3000倍
導入後は残効に注意	ノーモルト（乳）	5日		○	○					○	2000倍
導入後は残効に注意	サイハロン（乳）	4日	○			○					2000～3000倍
導入後は残効に注意	ジブロム（乳）	4日	○			○					1000倍

・上表の影響日数はあくまで目安である。ハウスの換気，気温，日射量，灌水量（粒剤）などの各条件で異なることがある
・○印は効果があることを示す
・殺菌剤は基本的に残効は1日。ただしジネブ系は30日，マンゼブ系および塩基性塩化銅は使用倍率厳守してください
・殺ダニ，殺線虫剤は基本的に残効1日
・土壌消毒剤はマルハナバチ導入の30日前までに完了する（ガス抜き等）

萎凋病、葉カビ病、ネマトーダなどには、現在抵抗性品種ができているので品種選びで解決できる。また根からくる病気では青枯病、褐色根腐病（コルキールート）などに対しては、抵抗性台木に接ぎ木すれば防ぐことができる。

しかしいまだにトマトの主要な病気である疫病・灰色カビ病などの対病性品種はない。またトマトには新しい病気や害虫が外国から入ってくるなどして次々に出てくる。新しい害虫については薬剤がわからず困ることが多い。また、トマトは臭いも強いし毛茸も多い。一見薬剤に強そうにみえるが、薬害はほかの果菜類より発生する。とくに高温期の栽培となる抑制栽培や夏秋栽培では、薬害が発生しやすい。安全性を考えて農薬にできるだけ頼らぬ工夫が、これからはさらに重要になるだろう。

害虫は防虫ネットで大幅に軽減

害虫については、ハウスサイドなど開口部をネットで囲むことで九九％は防げる。マルハナバチと防虫ネットの組合わせは効果が大きい。ほとんど害虫も見ないし殺虫剤はほんの前半のみですんだ。平成十二年は用意した薬剤は大量に残してしまった。

天敵を使う研究も進んでいる。マルハナバチを使っているので導入天敵も制限されるが、今後の課題だ。私もコナジラミ対策でツヤコバチなど使ってみたが、まだ使い方がわからなかったため、現時点では私には良い結果を出すまでにはいかなかった。

病気は生育ステージで対象病害に合わせて農薬選択

病気を出さないためには健全な木づくりをすることが基本である。ドカ肥、極端な肥え切れ、多灌水などに気をつければ、かなり発生が少なくなる。スタミナ切れになると、葉カビや灰色カビが発生

写真41①　通路に捨てられ乾いた下葉に繁殖するエスカ有機の菌

写真41②　菌糸を出し胞子を飛散。これが灰色カビ病菌を抑えているのか

しやすい。

また、薬剤防除では、生育ステージによって発生する病気が異なるので、その対象となる病害虫に有効な農薬を選択することである。一週間に一回のペースで防除しても病気を出してしまう者、二週間に一回でも病気を出さない者とがあるが、これは薬剤の使い方にあると思う（巻末の栽培暦を参照）。

育苗の時期は苗立枯病・疫病・場合によっては葉カビ病が対象となる。圃場に出てからは、白絹病・疫病・葉カビ病・かいよう病、着果後は輪紋病・うどんこ病・灰色カビ病などがこれに加わる。予防薬治療薬など幾つかあるわけだが、これから発生する病気を把握して、また昨年の経過を振り返って、予防防除する。対象となる病気以外の余分な農薬は使わず、余分な回数を重ねないようにする。

私は前半は回数を少なくして、生育スピードが早くなってきたら定期的に行なっている。一〇日おきの散布を目安としているが、天候との関係で実際はそれ以上になることが多いが、前半は一二～一三日に一回は行ないたい。摘芯後は新しい芽生長点が伸びないから後半は二〇～二五日に一回くらいでよいと思う。

エスカ有機の通路散布でまったく出なくなった灰色カビ

生育後半に問題となるのが灰色カビ病である。灰色カビは花弁落ちの悪いものなどによく発生するが、生きた茎葉には発生しない。私は収穫時には、良い玉はコンテナに入れ、出荷できない悪い玉はコンテナカーにつけたカゴに入れて持ち出している。悪いものを通路に放置すると、これが発生源になる。

しかし、私の圃場ではボカシ肥のエスカ有機を使うようになってから、なぜか灰色カビ病がほとんど発生しない。ベッドの中央に追肥したエスカ有機が敷ワラなどに繁殖し、灰色カビの繁殖を抑えてくれているのだろうか。エスカ有機の発酵に使われている微生物が増え、灰色カビ菌との拮抗作用で発病しなくなったとしか考えられない。

そんな予測から、私はかいた下葉や腋芽は通路に放置し、そこにエスカ有機を一〇アール当たり五〇キロくらいまいてみた。すると乾いてカラカラになった茎葉にびっしりと白いカビが発生し、揺らすと胞子が飛び散るほどになった。トマトにはまったく影響がなく、灰色カビは見たくても見られなくなってしまった。茎葉を持ち出す手間も省略でき、乾いた茎葉はハウス内の湿度も調整してくれている。

6、収穫開始からの管理

(1) 収穫開始から摘芯までの管理

摘芯するまでは樹勢を落とさず

収穫開始は九月中旬ころから始まり、十月上旬には最終段数となる八段目が開花するので摘芯する。

写真42① 10月初め，最後の追肥後旺盛に生育をするダイレクトセル苗のトマト
② 摘芯前の先端部　先端部まで茎が太く，第6果房が着果し，第7花房が開花，第8花房が着蕾
③ ややスタミナ切れの株は上位の着果が悪く，茎が細くなる

この時期は一段目から順次収穫されていくので、だんだん株の負担は軽くなり、現状の草勢を維持することを目安にする。

しかし一般には、この時期、肥切れを起こし先細りする例が多い。これは前段階の収穫始めまでの追肥量が不足していた場合が多い。この時期も葉色や葉型の変化などシグナルをよく見ながら遅れないようにするが、普通は九月中旬に追肥したら、九月二十五日ころ、もう一回追肥すればよい。

十月に入ると地温も低下し、木の負担も少なくなるので追肥は必要なくなるが、一部スタミナ不足の部分にはダブルパワーを一〇アール当たりに換算して四〇～五〇キロ施し勢いをつけたい。

写真43②　捻枝後の先端部

写真43①　直立Uターン式の捻枝（9月末）

針金の下で右手で捻枝部を押さえ左手で捻じって倒す

十月上旬に早めに摘芯

抑制栽培は無加温で茎葉が凍害を受けるまで収穫するが、私は凍害が心配になる十一月下旬に「ぶっ倒し栽培」に入り、トンネルをかけて年明けの一月上旬まで収穫する。しかし、十月に入ると気温も下がり、玉の肥大も鈍化し、開花から収穫するまで八〇日くらいかかるようになる。最終収穫は一月十日前後となるが、逆算すると十月中旬までに開花した花房が収穫可能な最終花房になる。マルハナバチは十月下旬まで放飼する。

最終花房が着蕾すれば、それ以上伸ばす必要はないので、十月上旬に、最終花房の先に葉を一～二枚残して摘芯する。摘芯は最終花房が決まりしだい早いほうがよい。生長点部が小さなうちに摘芯すると、養分が花房に多く転流されるので、良い花になり着果しやすくなり着果数も多くなる。遅れると花数が少なくなったり、着果しにくくなる。摘芯後は、追肥も打ち止めにし、今まで三~四日おきにやっていた灌水も制限していく。気温がだんだん低下していくので、多湿になると病気も発生しやすい。

(2) 摘芯とUターン整枝

直立Uターンは捻枝して垂らす

摘芯する十月上旬には、第三花房までは収穫が終わり、草丈は一八〇~二〇〇センチにもなっている。支柱の高さは一六〇センチなので、支柱の上二〇~四〇センチまで伸びる。支柱に誘引できないので、放っておくと玉の重みでどちらかに垂れ下がってくるが、針金の下で捻枝してベッドの内側に垂れ下がるようにする。捻枝し垂れ下がれば、養水分のポンプアップも楽になり、肥大も良くなる。

捻枝は、日中湿度の少ない時間帯に行ない、傷ついた部分が早く乾くようにする。いつまでも乾かないと病気が侵入しやすくなる。生長点から三〇~四〇センチくらいの横に張った針金の下の位置で行なう。この位置は茎の太さが少し細くしまって折れにくい。針金の下で捻枝すると、ぶっ倒し後の針金の片づけをしなくてよい。

捻枝をよくペンチやプライヤーを使って行なう方もいるが、茎をつぶすと病気の原因にもなる。捻枝とは捻じる枝と書くようにつぶすわけではない。茎を直立させたまま、左手で捻じる部分を固定し、右手で半回転以上捻じって倒す。間違って折れても皮がついていれば枯れることはない。一両日するといったん九〇度くらいに立ち上がってくるが、先端に着果し重みがかかってくると下がってくる。

二メートルのアーチ型支柱を二本組んでつくる複条Uターンは、Uターン部がゆるやかなので無理な捻枝はしなくともきれいに反対側にUターンしてくれる。両サイドから先端枝が天井部で交差する

写真44①　複条Uターン式のUターン（11月上旬）

4，5，6，7段果房が肥大し，アーチ型の支柱上で自然とUターン

写真44②　両サイドから重なるようにしてUターン

支柱上部は日当たりが良く，不定芽が直立して伸び始める

ので倍の茎が重なり混み合うが、光線不足になるのではという心配は無用だ。天井部は一番受光がよいところで乾きやすく、トマトにとって天井部の環境は最高である。また、直立Uターンと比べて人の肩の高さの部分が広くなるので作業性も良い。白のワイシャツを着てトマト畑に入っても汚れない。トマトにも人にも、やさしい最高の環境となる。

(3) ぶっ倒し栽培

ぶっ倒し栽培で十一月中旬から五〇〇ケース収穫

トマトは本来匍匐性の植物であって、自力では立っていることはできない。生食用トマトは、品質面などから支柱を立て、立づくりをしているが、加工トマトは這いづくりをしている。私は寒さが厳しくなってきたら、支柱を浮かして複条のベッドごとに倒して這いづくりに切り替える。これを「ぶっ倒し栽培」とちょっと荒い名前をつけたが、一瞬で五〇メートルものウネごと倒すのでそう名づけた。

当地の抑制栽培は無加温で、千葉でも十一月中下旬になるとハウス内でもかなり温度が下がり、そのままでは凍霜害を受けてしまう。昔は片づけのときに残った青トマトを、納屋に持ち込んでワラなどで保温し着色させ出荷した。あるとき、これでは消費者にすまないと思い、着色直前のものを木に着けたままハウス内に這わせてトンネルをかけて保温してみた。そうしたらきれいに着色して出荷できた。

十一月中旬ころ、寒波が来て凍害を受ける前にぶっ倒して、ビニールトンネルをかけて保温すると一月上旬まで約二カ月間収穫期間が延びる。ぶっ倒すと地温で直接保温されるので、すぐにトンネルをかけなくとも凍害にあわなくなる。

ぶっ倒してから段数にして三～四段は収穫している。倒すときにピンポン玉、いやもっと小さいものまで、一月上旬になると肥大着色する。倒してから目標は五〇〇ケースだが、実際は七〇〇ケースくらい収穫することもある。全体の三～四割は這い栽培で穫っている勘定だ。直立栽培よりも病気の発生が少なく、品質も良くなる。この時期のトマトは毎年高くなるが、ぶっ倒し栽培のトマトは加温栽培と同等以上の価格になる。

スタミナが後半まで持続するダイレクトセル苗の長所は、ぶっ倒し栽培でないと活かせない。

上部に葉を三～四枚つけて一気に倒す

当地では、寒さが厳しくなる十一月中旬になったら倒すよう指導している。トマトの葉を上から四～五枚残して下部の葉をかき取り、敷ワラの上に倒す。全葉取ってしまう人がいるが、これでも茎の緑で同化作用をするのか、果実は肥大する。しかし鮮度や品質面は悪くなるので、必ず三～四葉は残す。

①上部に4～5枚の葉を残して摘葉し，アーチ型支柱を抜き手前に置くようにして浮かせる

②一方の端の斜めに差した支え支柱を外す

③端のアーチ型支柱を軽く押すと，トマトの重みで将棋倒しのように倒れていく

④ベッドの敷ワラの上にほとんど果房を落とさずに倒れる

⑤トンネルをつくり，ハウスの天井にカーテンを設置すると，夜間温度が4℃高くなる(昼間は換気し寒さに慣らす)

⑥ぶっ倒し後数日すると，摘葉した節などから不定芽が伸び出す

写真45　直立Uターン式のぶっ倒し

直立Uターンの場合は一株ずつ倒すほかないが、複条Uターンであれば、アーチ型支柱を浮かせ、アーチの中央をつなげて固定している針金を、一方の端で支えているパイプから外してゆるめると、一ウネ五〇メートルの支柱がツルごと一〇～一五秒で倒れる。これより早いと果実が取れて通路に飛び出す。遅いと倒れ方にムラができ平均にならない。このスピードは支柱の浮かし加減で調節する。上手に倒すと、五〇メートルのベッドで木から落ちる果実は一～二個くらいですむ。

だから、夜になって急に冷え込んできそうなときは、夜中でも一人で二〇アール分くらいは簡単に倒せる。倒せないときは、室内用の石油ストーブを一台ハウスに入れておくと、凍害を防ぐことができる。また、ぶっ倒し後からは、灌水は禁物である。灌水すると病気が多発するばかりか、耐病性も弱くなる。

寒さに徐々にならしてカーテン、トンネルで保温

倒して二～三日はトマトが急に姿勢が変わるせいか、着色などが進まない。しかし数日後からは受光もよく地温で保温もされるので着色が進み、急に収穫量が増えてくる。日中の太陽光線でハウス内の地温が上がって、それが夜間の保温になる。トマトの呼吸でトンネル内が暖まる。

ぶっ倒した翌日にベッドごとに保温トンネルのヒゴを設置するが、強い冷え込みが心配にならない間はすぐにビニールをかけずに寒さに徐々に慣らすようにする。徐々に寒さに耐える体質をつけてお

けば、かなりの寒波にあってもやられない。内張りカーテンがある場合は、不織布を収穫時以外ベタがけしておくだけで、トンネル保温は必要ない。

トマトは四・五℃が最低温度といわれているが、寒さに慣らすと、マイナス三℃に三時間あうと凍害を受けるが、それ以上であれば大丈夫だ。ちょっと信用できないと思うが、実際に計った数字である。

しかし冷え込みがはげしくなってきたらビニールなどでトンネルをかけて保温してやる。二〇年前私は普及所といっしょに温度測定機（二四点デジタル方式）で測定したことがあるが、普通、一被覆二℃といわれているように、カーテンとトンネルで二重被覆すれば四℃高く保温できる。

日中は換気し、葉が混み合ってきたら摘葉

トンネルをかけてからも日中はビニールを取り、ハウスも換気して湿度を下げるようにする。気温が低くなると湿度が上がり灰色カビも発生しやすい。夕方に早めにトンネルをかけて保温してやれば、よほどの寒波がこないかぎり、一月上旬まで収穫できる。

また、ぶっ倒し後も摘葉した節から不定芽が伸びてくる。過繁茂になってトマトを覆うようになったら、適当に摘葉して光を当てる。

第3章
直播・稚苗栽培の試行

本章では、直播栽培を開発された千葉県農業試験場の鈴木健司先生の普及パンフを参考にしながら、平成十二年に試作した私の経験をもとに、要点を述べたい。

1、直播栽培の有利性と導入条件

(1) 早く着果し暴れず収量アップ

六～七月の労力が半減

抑制栽培のトマトの育苗は、前作のメロンやスイカなどの収穫作業・片づけ・圃場の準備などの作業と重なり、また暑いハウス内の気の抜けない作業であるため、生産者にとっては大きな負担である。鉢上げの必要のないダイレクトセル苗では、この育苗作業が軽減され、培養土などの経費も大幅に少なくなり省力・低コストとなるが、直播栽培なら、育苗作業が軽減されるだけでなく定植作業もなくなり、開発された鈴木先生の調査では、六～七月の作業が従来のポット育苗と比べて半分以下になるという。ポットやトレイ、培養土や育苗ハウスも無用になるので、コストも大幅に低下する。

生育が早く、異常茎が発生せず奇形・乱形果も少ない

育苗する目的は、圃場の利用率を高めたり、生育体質ができる発芽から着蕾前後の初期生育期間を理想的な環境で管理しやすくすることである。トマトの場合は、この育苗期間に栄養生長と生殖生長のバランスをとり、定植後に暴れず確実に着蕾し肥大も良く奇形果なども少ない、かつ後半までスタミナが持続する根質・根系の苗に仕上げることが最大の目標である。

直播栽培は、圃場での生育期間が慣行栽培よりも一カ月あまり長くなり、ポットやセル苗の育苗期間中のようなきめ細かな管理も難しくなる。しかし、前述したように直播トマトは定植後の生育停滞がないだけでなく、根域の制限、移植や定植の植え傷みなどのストレスがないため、出葉・展葉速度が速く生育が順調で早い。さらに抑制栽培でも着果節位が八～九節とダイレクトセル苗に比べ、三～四節低くなる。平成十二年の私の試験栽培（桃太郎8）では、ダイレクトセル苗に比べて、開花・ホルモン処理で一五日、収穫では一八日早くなった。ポット苗と比べても一〇日は早いと思われる。

しかも第一段花房は、セル苗では今まで必ずのようにチャック果などの奇形果が発生したが、直播トマトにはそれがなく、品質も向上した。そのうえ、着果・肥大するまでは強かった草勢も、第三花房が肥大するころからはおとなしくなり、大きな関門である異常茎の発生を難なくクリアできた。その後の肥培を強めにもっていけば、太い直下型の根が最後までスタミナを持続する。収穫開始が早くなり収穫期間も長くなるため、収穫段数が一～二段多くなり、収量もアップする。

パワーとスタミナのバランスのとれた苗をつくるという育苗目的を、直播はあえて手間をかけずとも実現でき、収量・品質もアップする。トマトの直播は単なる省力技術ではないのである。

暴れやすい品種もつくりやすくなる

千葉県の抑制トマト生産農家が直播栽培に強い関心をもっているのは、それだけではない。異常茎は発生せず暴れにくい直播なら、味や品質は良いのに草勢が強いために敬遠されている「桃太郎8」、あるいは「元祖桃太郎」でも栽培が可能になるのではないかという期待である。主根型で暴れにくく、後半はやや草勢が落ちやすい直播栽培には、草勢がやや強い品種のほうが合っている。根に馬力のある品種のほうが後半の草勢を維持しやすい。

輸入野菜が増え露地野菜などは暴落ともいえる安値が当たり前のようになってしまっているが、施設野菜もこれからは安全でおいしく良質のものでないと外国の安価なものに負けてしまう時代となるだろう。つくりにくい品種をつくりこなす新しい栽培法としても、直播や稚苗栽培に期待している仲間も多い。

(2) 直播栽培の導入条件

土壌病害虫の多い圃場はさけたい

直播は播種一ヵ月間は従来の育苗期間に当たり、この間に加温が必要な作型には技術的にも経済的にも導入できない。

また、前述したように、直播は幼根が直接圃場の土壌に伸びるため、青枯病、萎凋病、ネコブセンチュウなどの土壌病害虫に冒されやすいので、このような土壌病害が発生しやすい圃場はさけたい。萎凋病発生圃場ではそのレースに応じた抵抗性品種を選べばなんとか対処できるが、接ぎ木しないとつくれないほどの青枯病発生圃場には導入できない（直播は接ぎ木も不可能）。

また、直播は圃場の準備期間が非常に短くなり、私のように前作がメロンの場合には、太陽熱消毒も薬剤による土壌消毒もできなくなる。ネコブセンチュウなどが多い圃場では、さけたほうがよいと思われる。トマトは主根がセンチュウに冒されてもすぐに新しい根を伸ばすので、地上部の生育からはわからないことが多い。しかし、被害程度がひどくなれば、後半の草勢はますます衰え、追肥をしても回復しなくなるだろう。また、生息密度を高める結果となり、後作にも影響を与えるだろう。

水はけの悪い圃場や地下水位の高い圃場は不向き

トマトの根は、もともと冠水などによる酸素不足に弱いが、太い主根が深く張り側根が少ない直播トマトの根は、湿害が懸念される。深く伸びた主根が酸素不足で腐ってしまうと、それを補う根がないと急激に草勢が落ち、コルキーなどの土壌病害も発生しやすくなり、ひどいときは枯死する。

直播では、高ウネにし、冠水対策をしっかりとらないと致命的な被害を被る心配がある。地下水位が高かったり生育中に高くなる圃場や、大雨や台風などのときに冠水しやすい圃場ではさけたほうが無難だと思われる。

(3) 直播トマトをつくりこなす要点

直播トマトをつくりこなすには、前述した土壌病害対策、排水対策、品種選択などのほかに、以下の点が従来の栽培法と異なる要点である。

①前作を早く片づけ圃場の準備

生育速度が速く着果節位が低くなるので、ポット栽培よりも一〇日遅れて播種しても収穫開始が同じくらいになる。しかし、前作の収穫終了後は早く残渣を片づけ、圃場準備を早めに行ない、できるだけ播種を早くして、収穫が早まる直播の有利性を発揮させたい。

②発芽まではラブシートをかけ発芽率向上

直播は発芽率を高めることが第一の関門だが、意外と発芽率は良く一粒まきでも欠株は一〇%以内で、二粒まきなら欠株はでない。十分に灌水し下層に水分をためておき、表面が乾いてからテープシード播種機で播種し五～七ミリに覆土する。そして播種後ラブシートをベッドにかけエバーフローなどで軽く散水すれば、四～五日で発芽する。欠株が出ても一・五葉の苗を補植したり、欠株が連続していなければ二本仕立てにしてもよい。

③四葉期まではのびのび育て、三段開花まで止水

ポット苗やダイレクトセル苗と同様に、発芽後からは節水が基本だが、四葉期までは苗の段階と考え、乾いたら午前中に灌水し、のびのび育てる。この期間にのびのび育てることが、着果節位の低下となって現われる。そして四葉期には止水にするが、この間の灌水は三〜四回くらいですむ。

④早めに三段開花始めから灌水・追肥を開始

直播は早くから花房負担がかかるが、初期の草勢が強いので、やはり第三花房の開花始めまで追肥・灌水の開始を我慢する。ただし、生長点部を観察し、少し弱くなり始めたら早めに灌水・追肥を開始したほうがよい。そうしないと花房負担で根群が発達せず、後半にスタミナ切れしやすくなる。

⑤元肥は同量でよいが摘芯までに追肥を一回多く

緩効性肥料なら元肥はとくに減らす必要はないが、品種によって草勢の強いものは調整する。三段開花から摘芯前までの追肥は、従来よりも回数を一回くらい多くし、灌水も多めにかけ、収穫開始ころにスタミナ切れにならないようにする。

2、圃場の準備から灌水開始までの管理

(1) 圃場の準備

播種はポット苗より七～一〇日遅くてもよいが……

直播は生育が早く着果節位が低くなり、平成十二年はポット苗に比べて一〇日、ダイレクトセル苗に比べて一八日収穫が早くなった。だから播種をこのくらい遅らせても、同じ時期に収穫を開始することができる。ポット苗の播種は七月二日前後、ダイレクトセル苗の播種は六月二十六日前後であるが、直播は七月十二日前後に播種しても、従来と同様に収穫を開始できることになる。

しかし、収穫開始を早くし収量を多くできる直播の有利性を活かすには、できるだけ早く播種したい。私は前作のメロンの収穫終了が六月二十日から末になるので、直播はやはり平成十二年と同様に早くても七月五日前後の播種となる。

前作の残渣を早く片づけ、ドブドブに灌水

直播では、前作の収穫終了から播種までの圃場の準備期間は、大幅に短くなる。私の場合、メロン

の収穫終了は六月二十日から遅いときは三十日になってしまう。ポット苗の定植は八月八日前後、ダイレクトセル苗の定植は七月二六日前後となるので、ポット苗は四〇〜五〇日、ダイレクトセル苗は二五〜三五日前後確保できるが、直播は七月五日の播種だと五〜一五日くらいしかない。

圃場の準備作業には、少なくとも残渣の片づけ・灌水に一日、水が引けるのに一日、元肥施肥・耕うん──ベッドづくりに一日かかる。DDによる土壌消毒はこの時期なら一〇日間くらい密閉しておきたいので、ガス抜き二日間を含めると一二日期間は必要だ。太陽熱消毒でも少なくも一〇〜一五日は必要なので、土壌消毒を行なう場合は、播種日までに最低でも一三〜一八日間の準備期間がないとできない。私の場合、六月二十日前後にメロンの収穫を終了しないと、土壌消毒はできない。

しかし、二週間くらい準備期間があるときは、できるだけ太陽熱消毒を行ないたい。ネコブセンチュウは四七℃以上の高温に一七分さらされると死滅するといわれており、この時期に晴天が五日間続けば深さ二〇センチ以上までこのくらいの高温になるので、十分にネコブセンチュウは死滅すると思う。

できるだけ早く残渣を片づけ、灌水チューブで五時間くらい、ドブドブに灌水する。二日間に分けて灌水したほうが、深くまで多く水が入って効果が上がる。また、一〇アール当たりふすま一〇〇キロを散布して耕うんしてから灌水すると、高温になりやすく、酸欠状態となるため、消毒効果が非常に高まるという試験結果もある。

元肥と殺虫剤をまいて耕うん・ウネ立て

灌水しトラクターが入れるほどになったら、施肥・耕うんして、高めのウネを立てる。太陽熱消毒をした場合は、施肥・耕うんの前日に二〜三時間くらい灌水する。

元肥量はダイレクトセル苗と同量でよいが、害虫防除は徹底して行なう。発芽直後にネキリムシやアブラムシ・マメハモグリバエ、センチュウなどに冒されると致命傷になるからだ。一〇アール当たり、ネキリムシやアブラムシなどの殺虫にダイアジノン粒剤3を六〜九キロ、センチュウにネマトリン三〇キロ、それに移植栽培では定植時に散布するオンシツコナジラミを殺虫するモスピラン粒剤(アドマイヤー粒剤はマルハナバチに害)を一株当たり一グラムになるように施用する。

また、ハウスサイドや出入り口には、ダイオミラーなどの防虫ネットを早めに張っておく。

耕うんしたら、直播のトマトは排水をより良くすることが重要なので二〇センチ前後の高ウネをつくる。そして、直播はトマトが繁茂するまで期間が長くなるので雑草が発生するが有用菌の繁殖のことを考えると除草剤は止めて、三角鍬などで小さなうちに数回削ればそんなに問題がない。

ベッドの中央部には幅六〇センチの黒いラブシートを敷き、雑草が生えないようにしておく。

(2)　播　種

シードテープまきが便利だが、手でまいてもよい

写真46のように、一三〇センチの幅のベッドに、ベッド肩から三〇センチ内側に、テープシード播種機で播種する。私は五〇センチ間隔に一粒ずつになるようにメーカー（日本プラントシーダー株式会社）に発注した。二粒ずつまけば欠株は防げるが、種子代が倍（一〇アール分三万円が六万円）になる。多少の欠株は補植すればよいので、一粒まきにした。

覆土は五〜七ミリになるようにセットし、深まきはさける。このとき、ベッドの土が湿っていると覆土を硬く締めたり、テープシード播種機のドラムに泥がつき、まいた種まで付着してしまい、播種精度や発芽率が大変悪くなる。

テープシード播種機がなくとも、前述（九六頁）に紹介したヨウジまきで手まきすれば、そんなに時間はかからず、播種精度も変わらない。また、コーティング種子なら手まきでもまきやすい。

播種後霧水で散水し、白いラブシートでウネ全体を覆う

播種後、晴天のときはベッド中央に黒いラブシートの上にエバーフローを設置して、霧状の水を四〜五分かける。黒のラブシートの上だと、散水時にエバーフローが動いて散水ムラになりやすいので、

チューブを針金のピンで何カ所かに止めておく。均一にかけることが発芽ムラを防ぐポイントだ。

灌水チューブで散水すると、土が締まり酸素不足で発芽が悪くなったり、水はけが悪くなって株元が過湿になり病気にもなりやすい。ラブシートの上からも散水できるが、どうしてもやや窪んだ部分に水滴が伝わって落ちて散水ムラになりやすい。

直播では発芽率を高めることが第一だが、発芽率を高めるには発芽するまで乾燥させないことがポイント。乾燥させないためには、散水後、ダイレクトセル苗と同じく、発芽がそろうまで、白いラブシートで覆っておく。ラブシートなら自然に緑化し白化現象は起こらないので、発芽がそろうまでかけておける。およそ四〜五日で発芽してくる。ラブシートをかけておけば、この間は散水はほとんど必要ない。

(3) 発芽から第二花房開花までの管理

水のかけすぎが失敗の元

発芽がそろいラブシートを取ったら、エバーフローで四〜五分散水する。発芽してから四〜五葉ころまでは、育苗期間だと考え、のびのび育てる。

しかし、セルやポット苗は午後になるとしおれるが、直播トマトはほとんどしおれることがない。セル苗育苗の感覚で灌水すると、過湿になってシラキヌ病などの病気が発生しやすくなる。私は四〜

写真46　7月13日　発芽揃い（7月6日直まき・1粒まき）
除草用の黒色ラブシートの上に設置したエバーフロー
（撮影　山武農業改良センター）

五日おきくらいを目安にベッドの土の乾き具合を見て、エバーフローで五〜一〇分かけた。

散水は、セル育苗と同様、午前中にかける。灌水量が多いと太陽熱消毒のように水分がお湯になり、根が茹ってしまう。育苗時の灌水と同様に、一回の灌水量は、表面の水分が日中に乾くくらいの量にする。日中にベッド表面が白く乾いていても、夕方から夜になるとしっとりしてくる。地下部から水分が上昇してくるのだろう。平成十二年の試験栽培では、発芽後から四〜五葉期の止水までの期間の（七月十日から七月二十五日前後）散水回数は、三〜四回くらいであった。

一・五葉期ころに補植

トマトの種子の発芽率は高いが、散水ムラがあったり播種深度が深すぎたりすると、発芽しなかったりいっせいに発芽しない。どうしても一割くらいの欠株が出るので、あらかじめ育苗箱かベッドの隅に薄くばらまきをして補植用の苗を育てておく。移植すると三～四日間は生育が停滞するので、できたら直播よりも数日早く播種しておく。

補植する時期は、直播のトマトと同様に着果節位を下げ、太く深く張る根が四～五本の根系にするためには、一～二葉の間（播種後一五日前後）に早めに移植する。それ以後だと移植ストレスでは花芽分化が遅れ、根も細根型になりやすくなるからだ。一・五葉くらいのときなら、主根が一本伸び側根はまだ伸び出す前なので、手で土ごとすくうようにしてとると、土がパラパラと落ち、一本根になる。

欠株の部分に指で穴を開けて、この幼苗をできるだけ主根をまっすぐに入れて植え付ける。まだ若い活力の高い根なので、植付け後灌水するだけで三～四日後には発根してしおれなくなり、活着する。活着後は直播株と同様の管理でよい。

欠株が連続していなければ、補植せずに二本仕立てにしてもよい。二本仕立てはピンチをして腋芽を二本伸ばす方法もあるが、それでは着果が遅れる。トマトは三枚おきに花房がつくが、側枝の最初は五枚の葉がでないと花芽が分化しないからだ。ピンチするよりも、主枝はそのまま伸ばし、一番勢いよく伸びる第一花房下の腋芽を伸ばして二本仕立てにするとよい（接ぎ木後の穂木を利用して二本仕立てする人もいる）。

四葉ころから水はひかえて止水

直播の初期生育は旺盛で強い。節間が長く茎は太く葉は長く大きくなり、葉色も濃い。生育速度も速いので、一日で見違えるほどの生育をする。腋芽の伸びも速いが、初期は草勢が強いので腋芽かきはやや遅らせる。しかし、あまり遅くなるとどれが主枝なのかわからなくなってしまう。早めに支柱を立てて誘引する。

水も早めに切り上げる。ポット苗やダイレクトセル苗は四〜六葉の苗を植え、活着ししおれなくなったら止水に入るが、直播では四葉が展葉するころから水はひかえる。水をひかえることによって、主根はさらに深く伸び、側枝の伸びも良くなる。過湿になると、この三〜四葉期ころに一番白絹病が発生しやすい。

五葉期ころに着蕾確認

直播トマトが初期生育の草勢が強くても暴れないのは、主根型の根になり肥料を過剰吸収しにくいこと、着果節位が低くなり果実負担が早くなるからである。五葉が展葉するころには、小さな花房が確認できるようになる。このころ確認できれば、八〜九節に第一花房が着蕾したと判断してよい。

もし、このころに着蕾を確認できないときは、着果節位は一〇〜一一節以上になるだろう。この場

写真47　8月10日　早い株は開花し始める。支柱を立て誘引し止水管理を続ける。草勢が強いので芽かきは遅らし気味に
（撮影　山武農業改良センター）

合は止水期間を長くして暴れないようにもっていく。

第一花房開花前後に支柱立て・敷ワラ・誘引・芽かき

直播トマトの初期生育は旺盛で早い。平成十二年は、七月五日播種したが第一花房が開花し始め、最初にホルモン処理（トマトトーン一五〇〜二〇〇倍）したのが八月十三日であった。播種後四〇日弱である。

開花前に播種時に敷いた除草用の黒のラブシートを片づけ、敷ワラを敷き、灌水チューブをベッド中央に設置する。

そして、芽かきをしながら誘引していく。芽かきは草勢が強いものほど遅らせてバランスをとるようにしているが、直播は草勢が強いので、五センチ前後になるまで待ち、必ず上部の小さな一センチ前後の二〜三芽は伸ばしておく。
ダイレクトセル苗と同様、八月中はホルモン処理し、九月に入ったらマルハナバチを導入する。

4、第二花房開花から管理

(1) 試し灌水から収穫開始まで

第二花房開花最盛期ころに試し灌水

止水期間は、品種によっても多少違うが、直播もポット苗やダイレクトセル苗と同様に第三花房開花ころを目安としたい。しかし、直播は着果節位が八〜九節と低くなるので、葉数も少ない段階で果実負担がかかってくる。生育によっては第二花房の開花ころから早めに灌水・追肥を開始しないと、第三花房開花前に生長点部が細くなってスタミナ切れになる心配がある。

とはいっても、初期の草勢が強い直播トマトは、あまり早くに灌水・追肥するとやはり危険だ。第一花房開花ころより、よく生長点を観察し、先端部が細くなりスタミナ切れの徴候が見えないかぎり、第三花房開花始めまで我慢し、しっかり根を張らせるようにしたい。

平成十二年の場合、八月二十六日に試し灌水（二〇分）したがまだ早く、灌水開始は四日後の八月

写真48　9月7日　8月30日から追肥・灌水を再開
草勢はまだ強いが先端部の葉色はやや淡くなるこの後下葉を2～3枚かき，肥大促進
（撮影　山武農業改良センター）

三十日に本格的に灌水（四〇分）を開始した。そして九月二日に三〇分行なった後、九月十日の収穫開始までは三～四日おきに灌水（三〇～四〇分）した。

追肥は徐々に効かす

灌水と同時に追肥も開始する。平成十二年は、九月四日に一〇アール当たりボカシ肥のエスカ有機を二五〇キロとＣＤＵ三〇キロ、九月十日にＣＤＵ四〇キロをベッド中央の灌水チューブの上に施した。

直播トマトは着果・肥大し始めると、草勢がだんだんおとなしくなり、新葉も小さくなってくる。

第三花房開花から収穫開始までの約一〇日間は、この草勢の変化に注意し、早めに追肥していく。かといって、この時期に速効性肥料で急激に肥効を高めるのは危険だ。まだまだ草勢は強いので、一挙に高めると異常茎が発生する。緩効性肥料を通常の量（三〇～四〇キロ）施すようにする。それでも直播は、ダイレクトセル苗と比べると開花・収穫が一〇～一五日早くなるので、摘芯までの期間が長くなり追肥回数が一回多くなる。その分、追肥量が多くなる。

収穫前の下葉かきと微量要素散布で、生殖生長促進

前述したように直播トマトの第一花房は、奇形が少なく肥大も良い。第一花房にたくさん着果させると後半バテやすいからと、摘果したほうがよいという考えもあるが、収穫開始から摘芯までの期間の追肥で草勢を落とさないようにすれば、あえて摘果する必要はない。

この灌水再開からは、草勢を落とすことなく生殖生長を強め、中盤からの着果、肥大を強めていくことである。私はこのころから、一〇日おきくらいに散布してきた殺虫・殺菌剤とスイカル（五〇〇倍）の混用液に、窒素、リン酸、カリのほかに亜鉛、ホウソなどが含まれた葉面散布剤「ヨーヒB5（日液化学）」（一〇〇〇倍）を混用して散布している。これを散布すると、木が硬くなり栄養生長が抑えられる。また、ヨーヒB5の単価は安いうえに展着剤が含まれているので、農薬にニーズなどの展着剤を加える必要がない。この葉面散布は防除散布といっしょに摘芯後まで行なう。

芽かきは前述のように草勢が強い三段花房開花まではやや遅らして行なうが、灌水再開後は早めに行なう。ただし、必ず上部に二〜三芽残しておく。

葉かきは、通常、通風や採光を良くするために、一つの果房の収穫終了ごとに、次の果房下の葉までかくと良いとされている。しかし、私は一段花房収穫終了前に下から二〜三葉かき、一段果房収穫終了時に二段果房の下の葉一枚を残してかき、以後は込み合わない程度にとどめている。下葉かきは、草勢の強いときには早めに多く、草勢の弱いときには遅めに少なくかくことが原則だからである。

直播トマトの場合、初期は草勢が強いので早めに行なったほうがよい。収穫開始までは栄養生長がまだ強いので、私は収穫開始の四〜五日前に下葉を三〜四枚かく。早めに下葉をかくと第一花房の肥大、第三花房の着果が促され、それまで扁平だった第一花房のトマトの肥大が良くなり丸くなってくる。そして、収穫開始以後は、直播トマトは草勢が弱くなりやすいので、生育を見ながらダイレクトセル苗よりもやや遅く、少なめにかいていく。

(2) 収穫開始から摘芯までは草勢を強める

収穫開始からは草勢が落ちぬよう、肥効を高める

直播トマトは収穫開始ころから草勢が急におとなしくなってくる。直根が深く張っているためスタミナはあるが、活力の高い細根群が少ないため肥料に鈍感で、収穫開始ころから追肥や灌水の量を多

写真49　9月21日　収穫開始後（9月10日），追肥をし灌水を3〜4日おきに行ない，草勢が落ちないように維持

（撮影　山武農業改良センター）

めにしないと、後半からは草勢がおとなしくなりバテやすい。

平成十二年は、十月八日に摘芯するまで、一〇日おきくらいに三回追肥した。九月十九日にＣＤＵ四五キロ、九月二十七日に速効性肥料も含まれているダブルパワー三〇キロ、そして摘芯五日前の十月三日に水田用の流し込み肥料であるマイクロポーラス（チッソ旭）二〇キロを施した。

最後の二回を緩効性のＣＤＵでなく速効性肥料を選んだのは、このころに直播トマトの先端部が細くなり、草勢が弱くなったからだ。気温も下がってきて緩効性肥料の肥効も低下してくるので、摘芯するまでにできだけ肥効を高めたかったからだ。

また、灌水も収穫開始から九月いっぱい

写真50　11月22日　下葉をかき，ぶっ倒し前の直播トマト。茎が先端まで太く高段の肥大もよい

までは、天候によって二～四日おきに行ない、追い込む。

(3)　摘芯から収穫終了まで

摘芯後もコンスタントに収穫

十月上旬の摘芯後の管理は、ダイレクトセル苗と同様である。追肥は行なわず、灌水は徐々に減らしていき、十一月に入ればほとんど必要はなく、無灌水に入る。

直播トマトは、九月から十二月まで毎月四五〇ケース前後コンスタントに収穫できた。九月の収穫期間は二〇日間なので、いかに一段、二段の着果・肥大がよかったかがわかる。しかし、摘芯後の草勢は、ダイレクトセル苗と比べると弱くなり、株によってはUターンした花房のうち多くつきすぎたものは摘果した。そのためか、一月に入ってからは、ダイレクトセル苗のほうが収量が多くなった。

5、稚苗移植の展望

(1) 稚苗移植の有利性

平成十二年の直播トマトの欠株の補植株の生育から生まれたトマトの稚苗移植。まだ本格的な実践はなく、その技術は未確立であるが、ダイレクトセル苗と直播の短所をカバーできる超省力技術として、私たちの産地では関心が高い。稚苗には、以下のような長所がある。

①異常茎の心配が少なく、着果節位が下がる

直播トマトと同様に、異常茎の心配が少なく着果節位が下がる。したがって、草勢の強い品種でもつくりこなせる。また、第一花房の奇形が少なくなり品質も向上する。

②四~五本の太根型の根系ができる

根系はダイレクトセル苗と直播の中間的なものになり、太い直下型の根が四~五本伸び、直播以上に後半のパワーが期待できる。

③生育が早まり、収量増加

また、直播と比べると三〜四日生育が遅くなると思われるが、ダイレクトセル苗よりも収穫開始が早まり、後半のパワー・スタミナも強いので収量アップが期待できる。

④圃場準備期間が十数日長くなる

一・五葉前後の稚苗の育苗期間は一〇〜一五日必要なので、直播と比べて圃場の準備期間がそれだけ長くなる。太陽熱消毒も可能になる。

⑤育苗が超低コストで省力になる

トレイもテープシード播種機も必要なく、培養土もほとんど必要なくなる。直播で必要になる発芽までかけるラブシートもあまり必要でなくなる。育苗の労力も一番少なくなり、省力になる。

⑥土壌病害やネマにも強くなる

接ぎ木は不可能だが、定植時に主根が断根され、新たに側根が伸びるためか、直播に比べてネマトーダに強くなるようだ。

(2) 稚苗育苗法のポイントと課題

花芽分化前の一〜一・五葉苗を移植

若苗強勢の性格をもつ稚苗を暴れさせないポイントは、第一は着果節位を下げ、早くに果実負担がかかるようにすること。そのためには、定植時の植え傷みによる花芽分化の停滞を回避するために、花芽分化する前に定植する。トマトは一・五葉期から花芽分化が始まるので、その前に定植したい。一～一・五葉の主根だけの超若苗は、ポット苗の鉢上げと同様、非常に活着が良い。そして、活着後、圃場でのびのび育てることによって、八～九節に第一花房を分化させる。

第二のポイントは、太い直根が三～四本の根系にすること。ポット苗のように細根が多いと暴走する。そのためにも、まだ側根が伸びていない一～一・五葉期の苗を定植し、圃場で三～四本の側根をのびのび伸ばすようにする。ポットやセルトレイのように根の伸長が容器で妨げられないので、以後は細根があまり伸びず、直播に似た直根型の根茎になる。

水稲育苗箱に三センチくらいの深さの培養土でよい

播種する容器は、ペーパーポット、野菜用の深い育苗箱なども考えられるが、私はポット苗のときのように、水稲の育苗箱でよいと思う。深さは三センチで浅く、移植時に主根が損傷しやすいが、定植時に主根が切れても、圃場で三～四本の側根を伸ばしたほうがよいと考えるからだ。ゴボウ根のような太い主根一本の根系よりも、直根型の三～四本の根系のほうがパワーがあり、冠水にも強くなると思う。あまり容器が深く培養土を厚くすると、乾きにくくなり過湿になりやすい。ポット苗の箱まきの経験からも、深さ三センチの水稲育苗箱に縁まで詰めるくらいでちょうどよいと思う。

培養土はダイレクトセル苗と同様、水はけのよい市販培土を使うが、肥料分は少なくてよい。

一箱二〇〇～三〇〇粒まきし、土中緑化

まき方は、バラまきでもよいが、私は後述の土中緑化をしたいので、横一〇列（列間隔約五・八センチ）のすじまきにする。少し溝を切り約一センチ間隔でまけば、二〇〇～三〇〇粒まける。一・五葉くらいの苗なら、このくらい密植しても支障がない。一〇アール当たり二五〇〇本（坪七～八本植え）の苗が、一〇箱もあれば育苗できる。

三～四ミリ覆土し軽く鎮圧し、オーソサイド八〇〇倍かダコニール一〇〇〇倍を、一平方メートル当たり（約六箱分）二リットルをムラなくかける。発芽揃いまでラブシートをかけておく。

子葉が開いたら，寒暖計などで深く突きさし掘り起こす

図18　土中緑化

発芽がそろったらラブシートを除き、灌水する。そして発芽がそろい子葉から第一葉が出始めると

きに、図18のように列間を棒状温度計か先を細くした細竹で、育苗箱の底まで深くさして、ていねいに掘り起こすように中耕する。これを「土中緑化」と呼んでいるが、酸素が深くまで入り、余分な水も抜けるために、根に活力が出てくる。第二葉が出始めるときにもう一度行なうとなおよい。

太陽熱消毒し、元肥は直播よりもひかえる

稚苗は育苗期間が二週間前後となるので、七月五日まきの直播と同等の収穫開始にもっていくには、活着までの生育停滞（三～四日）を考慮しても七月一日にまき、七月一五日前に定植すればよい。前作メロンの片づけが六月二十五日になったとしても、定植までに二〇日間は確保できるので、太陽熱消毒を行なう。

稚苗は直播よりも根数が多くなり、肥料の吸収力が強いので、直播よりも元肥窒素量は少ないほうがよいだろう。ダイレクトセル苗と比べて二～三割少なくする。移植は鉢上げと同様に、できるだけ根を損傷させずに抜き、定植位置に指で穴を開け、根を垂らすようにして浅植えする。

活着後は直播に準じて管理

定植後の管理は直播に準じて行なえばよいが、活着力が強いのであまりしおれずに活着する。四～五葉期まではのびのび育て、以後第三花房開花まで止水管理する。稚苗がもし、五葉期に着蕾を確認できないときは、異常茎の発生する心配があるので、芽かきを遅らしたり、灌水開始を遅らせるなどの対策を講じる。

そして灌水開始からの追肥量・回数を多くして、スタミナ切れにならないようにもっていく。

資料1　主な資材の問い合わせ先

資　材	業　者	住　所	電　話
果菜類専用倍土 CDU・Wパワー・ロング	チッソ旭(株)	東京都文京区後楽1-7-2	03-3814-6321
エスカ有機	エスカサービス	千葉県佐倉市新臼井田2-15	043-461-1613
ヨーヒ・B5・K22	日液化学(株)	東京都板橋区坂下1-7-19	03-3968-8871
55穴トレイ	三菱農機(施設部)	東京都新宿区富久町15-1	03-5360-7337
ダイオミラー	ダイオ化成(株)	東京都中央区日本橋大伝馬町10-6	03-5642-3701
マルハナバチ	アピ(株)	岐阜市加納桜田町1-1	058-274-1138
エフクリン (フッ素フィルム)	旭ガラス　グリニテック	東京都千代田区飯田橋2-11-10	03-3556-4390
灌水資材	住化農業資材(株)	大阪市中央区高麗橋4-6-17	06-6204-1241

資料2　抑制トマトのダイレクト苗栽培暦（平成11年度）

月日	天気	主な作業
6月13日	晴	メロンのツル抜き後灌水(5時間)
15日	晴	灌水チューブを片づけマルチをかけ直し，太陽熱消毒開始
26日	曇小雨	自根苗と接木苗の穂木品種を播種
30日	少雨	接木苗の台木品種を播種
7月13日	雨	置き上げズラシ
14日	曇少雨	ダコニール・オルトラン・アプロード各1,500倍散布
18日	曇	桃太郎8の一部に追肥　マイクロロング15g/1トレイ追肥 ダコニール(1,000倍)オルトラン(1,300倍)K22(1,000倍)散布
19日	曇	接木
22日	晴	大型ハウスフィルム(フッソ樹脂)張り替え（天窓）
23日	晴	太陽熱消毒マルチ除去　接木苗養生室夜間トンネル除去
24日	晴	ハウス圃場のトラクター耕うん　灌水3時間
25日	晴	定植準備　元肥施肥・耕うん 接木苗ハウス移動(活着率90%)　ハウスサイドネット(ダイオミラー)張り
26日	晴	ベッドつくり　定植
27日	晴	葉水散水(15分と10分の2回)
28日	晴	葉水散水(15分と10分の2回)
29日	晴	敷ワラ
8月 7日	晴	支柱立て
9日	少雨	支柱針金張り
12日	晴	芽かき
16日	晴	誘引しテープナーで結束
18日	晴	トマトトーン部分処理(150倍)
20日	晴	芽かき　ダコニール(1,000倍)トリフミン(3,000倍)カスケード(2,000倍)アプロード(2,000倍)K22(1,000倍)　スイカル(500倍)散布
21日	晴	トマトトーン(150倍)
22日	晴	芽かき
24日	晴	トマトトーン(150倍)天窓に防虫ネット張り
26日	晴曇	芽かき・結束

月日	天気	主な作業
27日	雨晴	トマトトーン(120倍)　試し灌水(30分)
28日	曇	結束
30日	晴	芽かき　追肥（CDU40〜45kg） ダコニール(1,000倍)トリフミン(3,000倍)カスケード(2,000倍)チェス(3,000倍)スイカル(500倍)散布
9月 1日	晴	灌水(40分)
2日	曇	マルハナバチ放飼　エスカ有機200kg追肥
3日	晴	トマトトーン処理(マルハナバチの働きが鈍かったため)
4日	晴	芽かき　結束誘引　灌水(40分)
8日	晴	灌水30分　追肥（CDU40〜45kg）
10日	晴	芽かき　ダコニール(1,000倍)トリフミン(3,000倍)B5(1,000倍)スイカル(500倍)アファーム(一部)散布
14日	晴	選果場当番　マルハナバチよく働く
18日	曇	灌水(30分)
21日	小雨	県野菜(トマト）品種審査会(参加78名)
23日	晴	灌水(30分)　収穫開始
24日	晴	追肥(Wパワー50kg)　収穫
25日	晴	収穫
26日	晴	収穫
27日	晴	下葉かき　収穫
28日	晴	灌水　収穫
29日	曇雨	追肥(CDU30kg)
30日	晴	下葉かき　収穫
10月 1日	曇雨	ダコニール(1,000倍)トリフミン(3,000倍)B5(1,000倍)カスケード(2,000倍)スイカル(500倍)散布
3日	晴	下葉かき　結束　収穫
4日	曇	芽かき　一部摘芯　灌水　収穫
5日	曇	収穫
7日	曇	収穫
8日	晴	収穫
9日	曇	一部追肥(Wパワー50kg)　灌水
10日	晴	摘芯　収穫

月日	天気	主な作業
11日	晴	灌水　ダコニール（1,000倍）トリフミン（3,000倍）チェス（3,000倍）カスケード（2,000倍）スイカル（500倍）散布
12日	晴	摘果　収穫
14日	曇	収穫
16日	曇	灌水
18日	晴	収穫
19日	曇	芽かき・下葉かき　クリンヒッター（1,000倍）ベルクート（6,000倍）ニーズ（1,500倍）散布
20日	晴	収穫
22日	曇晴	野菜品種審査会（午後講演）
10月23日	晴	灌水　収穫
26日	晴	灌水
29日	曇	収穫
31日	雨曇	収穫
11月 2日	曇	ダコニール（1,000倍）ベルクート（6,000倍）ニーズ（1,500倍）散布
5日	曇	芽かき・下葉かき
6日	晴	芽かき・下葉かき　収穫
7日	晴	芽かき・下葉かき
9日	曇	芽かき・下葉かき
11日	曇	一部灌水　収穫
13日	晴	共進会
17日	晴	摘葉（ぶっ倒し準備）　収穫
18日	晴	収穫
22日	晴	葉かき　収穫
25日	晴	収穫
26日	曇	ぶっ倒し　ダコニール（1,000倍）ベルクート（6,000倍）アファーム（1,500倍）ニーズ（1,500倍）散布
27日	曇晴	トンネル準備
28日	曇晴	収穫
12月 2日	雨	収穫
3日	晴	収穫

月日	天気	主な作業
5日	曇	収穫
7日	晴	葉かき
8日	晴	葉かき　収穫
10日	晴	葉かき
11日	晴	不織布かけ　手入れ　収穫
12日	晴	収穫
16日	晴	収穫
19日	曇	寒波　−2℃(ハウス内)　収穫
22日	晴	寒波　−4℃　収穫
23日	晴	寒波　−4～5℃(ハウス内)一部凍害
26日	晴	収穫(年内終了)
27日	晴	トマト品種検討会
平成12年		
1月 4日	晴	収穫
5日	曇	土壌診断
10日	雨晴	収穫終了
11～13日	晴雨	支柱片づけ
14日	曇晴	トマト木抜き
15日	晴	片づけ終了

資料3　抑制トマト直播栽培暦（平成12年度）

月日	天気	主な作業
7月 3日	晴	ハウス片づけ　灌水3時間
5日	晴	テープシード播種機で播種　品種桃太郎8　ラブシート被覆
9日	晴	ラブシート除去　灌水(エバフロー)5分　ウネ間黒ラブシートマルチ
12日	晴	灌水5分
17日	晴	灌水10分
21日	曇	補植　灌水5分　ダコニール(1,000倍)散布
23日	晴	灌水5分
30日	晴	手入れ除草　ダコニール(1,000倍)ロデー(1,000倍)散布
8月10日	晴	ウネ間黒ラブシートを除去し敷ワラ　灌水チューブ設置　灌水10分
12日	曇	支柱立て
13日	雨	一部トマトトーン(200倍)
14日	曇	誘引
16日	曇	トマトトーン(150倍)
19日	晴	トマトトーン(150倍)
21日	曇	誘引
22日	晴	トマトトーン(150倍)
26日	晴	トマトトーン(150倍)　芽かき　試し灌水20分
28日	晴	ダコニール・カスケード・トリフミン・スイカル散布
29日	晴	トマトトーン(120倍)
30日	晴	誘引　灌水40分
9月 1日	曇	防虫ネット(マルハナネット)張り
2日	晴	トマトトーン(110倍)　芽かき　灌水30分
4日	曇	追肥　エスカ有機250kgCDU30kg ダコニール(1,000倍)トリフミン(3,000倍)チェス(3,000倍) アファーム(2,000倍)B5(1,000倍)スイカル(500倍)散布
6日	晴	トマトトーン(100倍)
7日	曇雨	マルハナバチ放飼　灌水
9日	晴	芽かき　誘引　下葉かき(3枚)
10日	晴	初収穫(開花後28日)　追肥CDU40kg　灌水
14日	曇晴	芽かき　ダコニール(1,000倍)トリフミン(3,000倍)モスピラン(2,000倍)　B5(1,000倍)スイカル(500倍)散布　収穫

月日	天気	主な作業
16日	曇	収穫　灌水
18日	晴	収穫　誘引
19日	晴	追肥CDU45kg
20日	晴	収穫　灌水
22日	晴	収穫　ダコニール・トリフミン・チェス・B5スイカル散布
24日	大雨	収穫　灌水
26日	曇	トマト現地検討会　収穫
27日	晴	収穫　追肥Wパワー30kg　灌水
28日	晴	収穫　灌水
30日	晴雨	収穫　灌水
10月 1日	曇	下葉除去
2日	曇雨	収穫
3日	雨晴	ダコニール・カスケード・モスピラン・B5・スイカル散布
4日	曇	収穫　トマト立毛共進会(1位)
7日	晴	追肥マイクロポージス20kg　灌水
8日	曇	摘芯
10日	曇	収穫
12日	晴	収穫
14日	晴	収穫　下葉かき
15日	曇	ダコニール・ベルクート・B5・スイカル散布
16日	曇	収穫　現地検討会
18日	曇	収穫
19日	曇	収穫　摘果
21日	晴	収穫
22日	晴	収穫　下葉かき
23日	雨	収穫
25日	雨	収穫
27日	曇	収穫
29日	雨	収穫
31日	晴	クリンヒッター・アファーム・ポリベリン・ニーズ散布
11月 1日	小雨	収穫　摘果　マルハナバチ回収
6日	曇	収穫

月日	天気	主な作業
9日	曇	収穫
11日	晴	収穫
12日	曇	収穫
14日	曇	マルハナネット除去
15日	曇晴	収穫　下葉かき
18日	晴	収穫　共進会
21日	晴	収穫
24日	曇	収穫
27日	晴	収穫
28日	晴	ぶっ倒し
30日	晴	収穫　トンネルがけ開始
12月 2日	曇	ダコニール・アドマイヤー・ベルクート・オルトラン・ニーズ散布
3日	曇	収穫
7日	晴	収穫
12日	晴	収穫
14日	晴	収穫
20日	晴	収穫　摘葉
22日	晴	根系調査（千葉農試・山武普及所）
24日	晴	収穫
26日	晴	収穫
平成13年		
1月 3日	晴	収穫
9日	晴	収穫
10日	曇	支柱
21日	晴	トマト木取り出し

あとがき

昭和二十一年、農業を始めるに当たり、私は三つの信念を決め、取り組んだ。

一、己の職業を道楽と思え

一、記録をとること

一、絶えず新しい技術に挑戦すること

以来今日まで、農業一筋に歩んできた。

今、農業は変わろうとしている。人一倍働いてたくさん穫る時代から、省力低コスト・安全高品質の時代となった。技術も時代の要請によって変わってきたが、本書がこれからのトマト栽培技術を考えるうえで、些かなりともお役に立てば幸いである。

出版に当たり、収量調査等多大な協力をいただいた竹内敬行技師や福田寛技師をはじめとする山武農業改良普及センターの皆様、さらに直播栽培をご指導いただいた千葉県農試の鈴木健司研究員、並びに編集の労をとっていただいた農文協に厚く御礼申し上げます。

平成十三年二月十日

若梅　健司